Moi, Marat, ex-commandant de l'armée Wagner

MARAT GABIDULLIN

Sous la direction
de Veronika Dorman
et de Ksenia Bolchakova

Moi, Marat, ex-commandant de l'armée Wagner

Traduit du russe
par Veronika Dorman et Laëtitia Decourt

TITRE ORIGINAL
In the Same River Twice

© Марат Габидуллин, 2021
© Издательство «Гонзо», 2021

POUR LA VERSION FRANÇAISE
© Éditions Michel Lafon, 2022

Le Code de la propriété intellectuelle interdit les copies ou reproductions destinées à une utilisation collective. Toute représentation ou reproduction intégrale ou partielle faite par quelque procédé que ce soit, sans le consentement de l'auteur ou de ses ayants droit ou ayants cause, est illicite et constitue une contrefaçon sanctionnée par les articles L335-2 et suivants du Code de la propriété intellectuelle.

*À tous les naïfs
qui cherchent l'idée là où elle n'est pas.*

AVANT-PROPOS DE L'ÉDITEUR

Le projet d'éditer le livre de Marat Gabidullin est né au printemps 2021, lorsque nous avons appris par Veronika Dorman, spécialiste de la Russie pour *Libération*, que les journalistes et réalisatrices Ksenia Bolchakova et Alexandra Jousset préparaient un documentaire consacré aux soldats du groupe Wagner : *Wagner, l'armée de l'ombre de Poutine* dont la diffusion était programmée au 22 février 2022. Elles étaient parvenues à interviewer à visage découvert un ancien commandant de la compagnie de mercenaires. Et celui-ci avait écrit un livre qui serait publié en Russie, malgré les risques, par Gonzo, une maison d'édition indépendante. À cette époque on parlait beaucoup de cette troupe de mercenaires qui, avec l'accession au pouvoir de la junte militaire au Mali, y remplacerait bientôt les forces françaises de l'opération Barkhane dans la lutte contre les djihadistes. Certaines de leurs exactions, en Syrie, en Centrafrique, en Lybie… commençaient à être reportées. Cette progression russe dans des régions traditionnellement sous influence française intriguait, dérangeait, inquiétait. Conscients de la portée exceptionnelle de ce témoignage, nous nous sommes immédiatement rapprochés de l'éditeur russe, Gonzo, puis de Marat Gabidullin lui-même, afin de proposer au public français ce texte initialement, et mystérieusement, intitulé *Deux fois dans la même rivière*.

Nous ignorions alors que les tensions qui couvaient entre la Russie et l'Ukraine déclencheraient une guerre, donnant à ce texte un caractère d'une actualité saisissante.

Car ce que propose Marat Gabidullin est bien un témoignage unique, extrêmement actuel sur les forces militaires de son pays. Il lève une part du secret qui environne leur organisation, leurs modus operandi. Certes, l'armée Wagner n'est pas l'armée russe. C'est une « société militaire privée » (SMP), une « Compagnie » non-officielle, qui fonctionne sans grades, et dont l'existence est toujours niée par le pouvoir en Russie, pays qui, pour comble, interdit le mercenariat. Pour qualifier ses compagnons d'arme et lui-même, Marat Gabidullin parle de « soldats de fortune ». Pourtant, les actions des Wagner ont toujours été au service exclusif du Kremlin, que ce soit dans le Donbass, en Crimée, en République centrafricaine, au Mali, ou en Syrie bien sûr. On sait aujourd'hui que les Wagner sont en Ukraine.

Et puis, la Compagnie Wagner, largement formée d'anciens militaires du rang, côtoie sans cesse les armées officielles. Mais alors que ses compagnons et lui-même combattent dans des conditions plus que spartiates au cœur des montagnes glacées de Syrie, jamais ils ne se voient octroyer la moindre faveur. Marat Gabidullin n'a pas de mots assez durs pour décrire l'indignité des troupes russes et des Faucons du désert aux ordres de Bachar al-Assad, en dénoncer la corruption, la quête perpétuelle d'honneurs, le goût pour les cérémonies stériles, ainsi que la volonté constante de se préserver des basses besognes.

Bien que conscients que ces propos peuvent heurter, nous avons tenu à les garder car ils témoignent parfaitement du ressentiment qu'éprouvent ces soldats de fortune en anoraks graisseux et tenues de camouflage aux couleurs flétries quand ils croisent des militaires de l'armée régulière dans leurs uniformes tirés à quatre épingles.

C'est d'ailleurs sans nul doute cette amertume mais aussi un réel mal-être qui ont amené Marat Gabidullin à prendre la plume et risquer sa sécurité en mettant souvent directement en cause le pouvoir de Moscou. Car il n'élude rien de la collusion des intérêts politiques, économiques et militaires, révèle sans ambages sa rancœur devant le manque total de considération du pouvoir russe pour ces soldats fantômes. Son témoignage décrit, parfois crûment, comment les Wagner ont été envoyés en première ligne contre Daech, avec du matériel vétuste et défectueux. Il parle des kalachnikovs qui n'arrivent pas et qu'on doit récupérer sur les cadavres. De cette chair à canon envoyée affronter un ennemi qui terrorise la terre entière. Il évoque les morts, les estropiés, les défaites mais aussi les victoires revendiquées par la Russie, sans que jamais le Kremlin ne sorte de sa réserve ni ne leur témoigne sa reconnaissance.

À l'heure où la Russie s'est engagée dans une guerre sordide en Ukraine, son témoignage de « soldat de fortune » montre enfin que, malgré la technologie, les batailles se gagnent encore largement sur le terrain, au corps à corps, avec une barbarie que l'on pensait d'un autre temps.

PRÉFACE

Marat Gabidullin n'est pas un repenti. Il n'est pas un lanceur d'alerte, tiraillé par sa conscience, décidant un beau jour de se retourner contre l'organisation dont il a fait partie pour la dénoncer. Non. Marat est un soldat. Un fantassin parmi les consommables. Un homosovieticus qui trimballe dans ses tripes toutes les schizophrénies qui habitent l'homme russe contemporain. Fier d'avoir fait partie des forces aéroportées de l'armée régulière de son pays. Fier d'avoir combattu Daech en Syrie en tant que mercenaire du groupe Wagner. D'ailleurs, Marat jubile quand il raconte avoir participé à l'opération qui a permis de reprendre Palmyre aux islamistes. Palmyre, ce fantasme de tous ceux qui rêvent de civilisations lointaines et millénaires. Et cependant, Marat ressent une gêne à admettre avoir servi une armée de l'ombre, illégale, aujourd'hui sous les flashs des médias, Wagner, accusée de commettre les pires exactions, viols, tortures et meurtres, à l'encontre des populations civiles dans les pays où elle est déployée.

De l'Ukraine à la Syrie. De la Libye à la Centrafrique. Et désormais au Mali.

En ouvrant ce livre, il ne faut pas s'attendre à des confessions coupables. Ce récit est porté par les contradictions qui hantent son auteur. C'est une histoire profondément russe, celle d'une fêlure et d'une rédemption. L'aventure d'un soldat de fortune au service d'une armée qui officiellement n'existe pas.

C'est pour exister que Marat a décidé d'écrire. Fixer les faits. Inscrire dans le marbre son histoire et celle de ses frères d'armes. Une histoire jusque-là tue par les autorités de son pays. Car selon le Kremlin, il n'y a pas de groupe Wagner. Cette force armée déployée aux quatre coins du monde, suivant la carte des intérêts du régime russe, serait, dans la version officielle, un fantasme des détracteurs de ce même régime. Occidentaux en tête. Interrogé à de nombreuses reprises sur la question, Vladimir Poutine a toujours refusé de reconnaître le recours aux mercenaires dans les zones de conflit et a systématiquement nié tout lien entre le Kremlin et la compagnie militaire privée.

D'abord parce que le mercenariat est une activité officiellement illégale dans ce pays, passible d'une peine d'emprisonnement, jusqu'à huit ans ferme, aux termes de l'article 348 du Code pénal.

Ensuite, parce que le président russe trouve son compte dans ce silence complice. L'envoi de mercenaires permet à l'État d'économiser les pensions et salaires qu'il devraient verser si ces soldats appartenaient à l'armée régulière. Il permet également de cacher ses morts. Marat explique : « Nos généraux commençaient à s'inquiéter de pertes éventuelles. Nos compatriotes, eux, n'avaient pas envie de concevoir la guerre comme un événement pouvant induire des morts. Il fallait donc trouver un compromis. Un de ces compromis, c'est de solliciter une structure parallèle, dont la participation au combat pourrait, au besoin, être niée, tout en continuant à montrer à nos concitoyens une belle image qui les rassure, pour qu'ils continuent à être fiers et heureux, qu'ils applaudissent aux parades militaires sur la place Rouge, émerveillés par la puissance de nos forces armées. » Et troisièmement, parce que Wagner offre un « joker » à Vladimir Poutine. Le pouvoir de pratiquer ce que l'on appelle le « déni plausible », qui consiste à rejeter toute responsabilité dans des exactions commises par les mercenaires ou dans des opérations qui tourneraient mal sur le terrain. Une façon de dire : nous n'y sommes pour rien et si vous avez des problèmes avec Wagner, adressez-vous aux responsables de Wagner ! Et c'est là que réside toute l'habileté du stratagème. Wagner n'a pas d'existence juridique. C'est une société fantôme, dont personne n'assume publiquement ni la direction ni les actions.

Pourtant, à la tête de cette organisation, il y a deux hommes. Le premier est son fondateur. Celui qui a donné ce nom surprenant à la structure, le lieutenant-colonel Dimitri Outkine, nom de guerre : Wagner. Cet ancien membre du GRU, les services de renseignement militaire russes, a quitté les rangs de l'armée en 2013. Dès 2014, il réunit autour de lui d'autres vétérans des forces spéciales et crée un groupe d'intervention rapide pour mener des opérations ciblées dans la région séparatiste du Donbass, en Ukraine, en guerre contre les autorités pro-européennes de Kiev. Ce groupe de mercenaires prend alors le nom de son chef. Il a choisi de se faire appeler Wagner en hommage au compositeur allemand et à la symbolique qu'il véhicule. Car Dimitri Outkine est un grand admirateur du IIIe Reich et d'Adolf Hitler.

En tant qu'Européens, on se demande naturellement comment un peuple dont les parents et grands-parents ont vaincu les nazis pendant la Seconde Guerre mondiale peut avoir une telle fascination. En effet, l'admiration des officiers russes pour les nazis peut paraître paradoxale. La réponse réside en partie dans la montée en puissance du paganisme panslave en Russie. Dans les rangs de Wagner, selon Marat, 30 à 40 % des effectifs sont adeptes de la *Rodnovérie* (la foi originelle), un mouvement néopaïen né dans les années 1980 et qui, sur les questions ethniques, est très inspiré du discours racialiste allemand. Les Rodnovers, comme on les appelle, souhaitent un retour à l'ancienne foi préchrétienne d'adoration des forces de la nature et affichent une volonté nationaliste de se rattacher à un sol, la terre russe, où le peuple russe pourrait retrouver ses valeurs. Antisémites et xénophobes, ils prônent la pureté ethnique et la ségrégation raciale. Ils ne sont pas pour autant prosélytes. « Pour les autres, chrétiens, musulmans, ou les comme moi, les non-pratiquants, on restait comme on était, raconte Marat. D'un point de vue religieux, personne ne t'imposait quoi que ce soit, personne ne te forçait à adopter cette croyance. » Il reste que certains Rodnovers, comme Dimitri Outkine, ont des opinions d'extrême droite ouvertement néonazies. Quand il servait sous ses ordres, Marat dit avoir vu un *Kolovrat*, une croix gammée slave et des runes slaves tatouées sur son corps. Sur une photographie récente, le commandant de Wagner affiche d'autres tatouages, dont une double *Sieg Rune* (symbole de la victoire), l'emblème de la SS nazie, placée en évidence sur son cou. Dans les rangs de ces soldats de fortune, cette idéologie est largement partagée. Sur l'iPad d'un mercenaire mort, retrouvé en Libye, la bibliothèque virtuelle contenait un exemplaire de *Mein Kampf*. En Libye toujours, des graffitis islamophobes ont été retrouvés dans les ruines des maisons occupées par les hommes de Wagner. Le surnom de Dimitri Outkine a aussi inspiré toute une sémantique. Les mercenaires s'appellent entre eux « les musiciens ». Ils clament, sur leurs réseaux sociaux, faire partie d'un « orchestre » dirigé par un « compositeur », et donner des « concerts » à travers le monde. Leur façon à eux de dire qu'ils participent à des combats. Sur leurs vidéos de propagande, en haut à droite, est affiché un portrait du compositeur allemand.

Dans son livre, Marat Gabidullin lui aussi file la métaphore musicale. Sous sa plume, Outkine devient Beethoven, histoire de brouiller les pistes, tout en faisant clairement comprendre au lecteur qui est qui. L'auteur décrit un commandant craint par ses « légionnaires », tour à tour visionnaire et « terrifiant ». Au total, depuis 2014, 10 000 combattants, dont Marat, auraient servi sous ses ordres et on estime aujourd'hui à 5 000 le nombre de mercenaires de Wagner actifs et prêts à être projetés à flux tendu sur les théâtres d'opérations hors des frontières russes.

L'autre personnage clé du groupe Wagner s'appelle Evgueni Prigojine ; de lui aussi, Marat ne parle pas ouvertement. Ils se connaissent bien, mais un contrat moral les lie depuis que, avant son départ de la Compagnie en 2019, l'oligarque lui a rendu un précieux service.

Evgueni Prigogine est né le 1er juin 1960. Comme Vladimir Poutine, il vient de Saint-Pétersbourg et, comme lui, il a su profiter du chaos post-soviétique pour faire son trou. Ancien voyou devenu l'un des hommes les plus puissants de Russie, il est un pur produit de ce monde interlope où se croisent membres des services de sécurité, espions, barbouzes, mafieux et ex-taulards. La taule, Prigojine connaît bien. En 1981, il n'a que vingt ans quand la justice de l'URSS le condamne à treize ans de prison pour vol, fraude et implication de mineurs dans la prostitution. L'expérience va le marquer pour toujours. Lorsqu'il sort du pénitencier neuf ans plus tard, l'URSS est à l'agonie. La « thérapie de choc » des années 1990 pour relever l'économie russe crée des opportunités pour une nouvelle génération d'entrepreneurs sans scrupules, qui n'hésitent pas à recourir à des gros bras pour éliminer la concurrence. Prigojine se lance rapidement dans les affaires. Il touche à tout. Casinos, supermarchés à l'occidentale... avant de fonder une chaîne de hot-dogs, premier fast-food post-soviétique. En parallèle, il ouvre plusieurs établissements de luxe fréquentés par l'élite politique de Saint-Pétersbourg. Le premier, Staraïa Tamojnia – ou Le Vieux Poste de Douane – accueille dès 1996 le cercle proche d'Anatoli Sobtchak, le maire de la ville. Il y vient régulièrement avec un de ses fidèles conseillers, un certain Vladimir Poutine. À l'époque, c'est autour d'une salade au crabe du Kamtchatka ou de blinis au caviar d'esturgeon que se négocient les plus gros contrats et se scellent des alliances toujours solides. Quand des clients importants viennent, Prigojine est présent et insiste pour les servir en personne. Un dévouement très apprécié. Le succès est rapide et Prigojine ouvre dans la foulée quatre autres établissements haut de gamme. S'inspirant des restaurants péniches de la Seine, il inaugure en 1998 le New Island. Un an plus tard, en décembre 1999, ce bateau devient la cantine de Poutine, tout juste nommé président de la Fédération de Russie par intérim. Par la suite, à l'été 2001, il y célèbre son anniversaire et y invite des hôtes de marque comme Jacques Chirac. En mai 2002, il y dîne avec le président américain George W. Bush.

Les petits plats d'Evgueni Prigojine vont le mener loin. Il gagne le surnom de « cuisinier de Poutine » et s'impose comme une figure incontournable dans les cercles du pouvoir. Sa société de restauration Concord Catering gagne de nombreux contrats publics. Il assure l'intendance des cérémonies officielles, fournit des plats aux casernes et obtient le juteux marché des cantines scolaires. Malgré une intoxication alimentaire qui touche des centaines d'enfants dans la région de Moscou en 2017, Evgueni Prigojine n'est pas inquiété par la justice. Car Vladimir Poutine a fait de lui un homme riche et influent. En échange, l'oligarque effectue les basses œuvres utiles au Kremlin. Placé sous sanctions internationales, il est accusé par le FBI d'avoir orchestré la campagne d'ingérence russe dans les élections américaines de 2016.

Il serait à la tête de l'Internet Research Agency, cette usine à trolls, source de manipulations de l'opinion sur les réseaux sociaux. Sa tête est mise à prix par Washington : 250 000 dollars sont offerts pour sa capture. *Wanted*, il excelle dans le « catch me if you can ». Et il gagne. Jamais vu, jamais pris.

Aujourd'hui, on dit qu'il finance et assure les fonctions exécutives de Wagner, avec le soutien de hauts gradés de l'armée. Depuis 2020, Prigojine est aussi sous sanctions européennes pour son rôle « dans les activités du groupe Wagner en Libye ». Accusé de mettre « en danger la paix, la stabilité et la sécurité dans le pays ». Malgré les preuves de plus en plus nombreuses de son implication dans les opérations de déstabilisation tant dans le cyberespace que sur le terrain, du Moyen-Orient à l'Afrique, le milliardaire minimise son rôle dans le déploiement des paramilitaires à travers le monde et attaque en justice toute personne l'accusant d'être en lien avec Wagner. Il a organisé ses entreprises de telle manière qu'aucune ne peut être liée juridiquement à lui. L'opacité est totale et organisée. C'est un parrain, façon mafia de la vieille école. Omniprésent mais invisible. Omnipotent et intouchable.

Si l'ombre du « cuistot » plane entre les lignes du récit de Marat, jamais l'auteur ne s'épanche sur ce personnage sulfureux. « Je ne parle plus de choses que je ne peux pas prouver, de relations que j'ai pu avoir, et qui ne sont pas documentées. » Pour éviter des poursuites judiciaires. Pour éviter des vengeances que lui vaudrait une trop grande franchise. Ces protagonistes mis en sourdine, Marat est d'autant plus libre de livrer les détails de son parcours personnel au sein de Wagner, qu'il aime à nommer simplement la Compagnie.

Cette Compagnie pour laquelle il est parti se battre en Ukraine ou en Syrie. Marat Gabidullin a servi et bien servi Wagner. Il a reçu de nombreuses médailles internes au groupe, mais aussi des décorations officielles de l'État russe pour ses faits d'armes. Elles lui sont toujours remises en secret. Des récompenses au nom desquelles il a dû constamment mentir. Mentir pendant des années sur la nature de ses missions, sur les terrains où il a été déployé, sur les hommes qu'il a côtoyés. Mentir pour continuer à en être et exister au sein d'une organisation qui a mis des étoiles plein les yeux à des hommes déclassés, sans perspectives, tout en les transformant en chair à canon. Cartouches gaspillées au service des ambitions géopolitiques du Kremlin. Des hommes à qui Marat veut ici rendre hommage en les arrachant à leur clandestinité. Certains sont des héros, dit-il. Des gars bien sous tous rapports qui méritent la vérité et la fin de l'omerta qui entoure cette force armée secrète. La vérité.

Un très grand mot. La raison d'être de ce récit à la première personne.

Militaire de carrière, Marat a passé dix ans dans les troupes aéroportées russes. En 1993, deux ans après la chute de l'Union soviétique, il claque la porte de sa caserne avec le grade de lieutenant principal pour s'essayer au business. Le capitalisme sauvage avait alors fait son entrée triomphale dans le pays et tout le monde voulait sa part du gâteau. Militaires inclus. Mais à défaut de gros sous, Marat donne dans le gros calibre. Il devient porte-flingue d'un parrain de la pègre locale en Sibérie et finit par tuer un homme de sang-froid. Sa victime est un mafieux du clan rival qui « l'avait bien mérité ». Trois ans de prison, quelques années de chômage et de déprime plus tard, il sombre dans l'alcool, multiplie les petits boulots comme agent de sécurité ou garde du corps. Il réalise, surtout, qu'il lui sera impossible de revenir en arrière et réintégrer les forces armées régulières.

Alors que son monde s'effondre, il croise la route d'un ami de longue date qui lui parle d'une toute nouvelle société militaire privée, pas très regardante sur le profil de ses recrues. Dans ses rangs, les anciens détenus et criminels de droit commun sont les bienvenus à condition d'avoir un peu d'expérience et de savoir manier les armes. Marat a des rêves de combat plein la tête et part sans aucune hésitation au point de recrutement, à Molkino, près de Krasnodar, dans le sud de la Russie. « Nous étions nombreux, se souvient-il. Mais je ne peux pas donner d'informations détaillées sur la géographie exacte des lieux ou le nombre d'hommes. Tout ça pourrait se retourner contre moi. Je pourrais être accusé d'avoir divulgué des secrets militaires. » Marat reste prudent. Car Molkino est la preuve en dur d'une interopérabilité entre Wagner et les autorités russes. Cette base militaire érigée pour accueillir les soldats de fortune se situe à quelques encablures d'un centre d'entraînement et d'une caserne de la GRU, le service de renseignement militaire de l'armée régulière. Une zone où les armes utilisées pour les entraînements sont les mêmes que celles de l'armée, où rien ne se fait sans l'aval du ministère de la Défense.

Dans son livre, Marat préfère donc rester vague sur tout ce qui pourrait relever du secret d'État. Une mesure de précaution nécessaire et non des approximations de l'auteur. En parcourant ces pages, il ne faut jamais perdre de vue que Gabidullin est le tout premier mercenaire de Wagner à témoigner ouvertement, sans exiger la protection de l'anonymat. Il mesure les dangers qu'impliquent ses révélations. Au-delà d'éventuelles poursuites, il risque tout bonnement sa peau. C'est d'ailleurs pour ça, aussi, que dans son livre « tout est vrai, sauf les noms » des combattants. Pour mieux les protéger, l'auteur ne se réfère à eux que par des *pozyvnye*, des surnoms de guerre, qu'il leur a inventés. Dans son récit, on croise *Volk* (le loup), *Tchoub* (le toupet) ou encore *Ratnik* (le hallebardier). Des personnages de gladiateurs des temps modernes, hauts en couleur, à la fois héroïques, hyper violents et déprimés, qui forment les rangs hétéroclites de cette armée de l'ombre d'un genre nouveau.

Son nom de guerre à lui, c'est *Ded* (le grand-père, le papi). Un sobriquet donné par ses collègues. Il trouve que ça lui va bien. À l'époque de son embauche dans les rangs de Wagner, Marat a quarante-huit ans. Avec son bouc grisonnant, il est le plus âgé de son peloton. En 2015, il fait partie des quatre cents premiers engagés. M-0346 est son matricule. À l'époque, la sélection est rigoureuse mais il passe haut la main les entretiens et les épreuves physiques. Il se voit aussi exposer les objectifs de Wagner : sa mission sera de défendre et de promouvoir les intérêts de la Russie, en participant à des conflits armés. Il est tout de suite séduit par cette dimension patriotique, mais le véritable argument est ailleurs. Dans un pays où le salaire moyen ne dépasse pas 400 euros, le groupe Wagner promet des revenus attractifs. Pour Marat, « l'une des motivations principales était bien sûr l'argent. On était bien payés, raconte-t-il. 950 euros par mois pour la période d'entraînement sur la base, puis ça allait de 1 500 à 1 800 euros pour les premières missions à l'étranger. » Certes, le package n'inclut aucune couverture sociale, aucune rente pour les familles en cas de décès, mais il y a des primes pour chaque participation au combat. Marat pouvait ainsi gagner jusqu'à 3 000 euros par mois. Une petite fortune qu'il a pris soin de ne pas dilapider et qui lui a permis d'acheter un appartement dans la banlieue de Moscou.

Après trois mois de formation accélérée, il est envoyé pour une première mission à l'est de l'Ukraine, dans le Donbass. Un territoire que Vladimir Poutine considère comme son pré carré et que se disputent depuis 2014 les autorités de Kiev et des séparatistes soutenus par Moscou. Des milliers de combattants arrivent alors de toute la Russie pour leur prêter main-forte. Et dans ce flot, trois bataillons, trois cents hommes de Wagner. Cet épisode de sa biographie, Marat n'aime pas s'en souvenir. « Il y a plusieurs cas de figure à la guerre, explique-t-il. L'un d'eux est le suivant : quand, du fait de ta nationalité, tu te retrouves à combattre dans le camp qui a tort, dans le mauvais camp, mais qui est soutenu par ton gouvernement. C'est une situation très désagréable et des conditions dans lesquelles je refuserais désormais de travailler. » Une des raisons de cette gêne réside certainement dans la nature des missions confiées aux mercenaires de la Compagnie. En 2014-2015, beaucoup de groupes séparatistes émergeaient dans le Donbass, certains n'étaient pas sous le contrôle russe. Ils s'emparaient de territoires, agissaient de façon autonome et devenaient un peu trop indépendants aux yeux du Kremlin. Les brigades de Wagner auraient été envoyées contre ces groupes pour arrêter leurs leaders, neutraliser les formations en leur confisquant armes et équipements. Avec, parfois, un recours à des méthodes radicales. Les mercenaires seraient impliqués dans l'assassinat d'une dizaine de chefs séparatistes, dont le charismatique Alexandre Bednov alias Batman, tué dans une embuscade le 1ᵉʳ janvier 2015 à Louhansk. Marat Gabidullin nie toute implication dans ces opérations. Dans nos conversations, il n'a jamais hésité à dénoncer le conflit en Ukraine comme une guerre fratricide, une grave erreur du Kremlin. Une erreur qui s'est muée en crime, avec l'attaque russe de février 2022. Cette guerre l'a convaincu de sortir de sa réserve. Pour la première fois, Marat se confie dans ces pages sur sa première mission pour la compagnie militaire privée. Il raconte son expérience ukrainienne où il n'est pas question de noble cause, comme la lutte contre les djihadistes de l'État islamique. C'est un épisode peu glorieux, une tache dans sa biographie, un accident de parcours. À l'époque, pas une raison valable de quitter les rangs de Wagner.

Après le Donbass, Marat monte en grade. De simple soldat, il devient commandant d'une compagnie de reconnaissance et s'embarque pour la Syrie fin 2015. Il y fera quatre séjours, jusqu'en 2019, soit deux ans et demi au total. Un soldat illégal, sans drapeau, déployé au nom des intérêts de la Russie et de son allié, le régime de Bachar al-Assad. Le dictateur syrien est alors le premier chef d'État à faire appel aux services de Wagner. À l'époque, Marat s'intéresse peu à la géopolitique et se contente des explications de sa direction sur l'objet de la mission qu'il doit remplir à plus de 3 000 kilomètres de chez lui. « On nous a dit : "Il y a là-bas un mec super, le président Bachar al-Assad, et ce mec bien, pratiquement tout seul à la tête de son armée héroïque, s'efforce de combattre l'impérialisme mondial. Et ce mec bien, il a besoin d'aide, point." » Personne ne discute les ordres. L'enthousiasme prime en ces mois de septembre à octobre 2015. La Russie vient d'annoncer une intervention militaire officielle dans le pays en soutien au régime syrien à bout de souffle. Les mercenaires, armés et équipés par le ministère de la Défense russe, se pensent couverts par toute l'armada des forces de l'armée de l'air de leur pays. Mais tandis que les soldats de l'armée régulière font du soutien aérien, les mercenaires se tapent le sale boulot. Ils sont envoyés sur toutes les opérations au sol secondant une armée syrienne à la dérive, épuisée par plusieurs années de guerre civile.

C'est dans cet univers que nous fait entrer l'auteur de l'ouvrage. Une immersion inédite. Marat raconte les conditions de vie, les combats, la frustration des défaites et l'euphorie des petites victoires. Témoin clandestin d'une guerre qui a occupé pourtant les unes de tous les médias internationaux, il livre un autre point de vue. De l'intérieur. Plus viscéral. Plus vrai que tout ce qui a été écrit sur le sujet jusqu'à présent. De l'enrôlement aux déploiements, en passant par les opérations de combat, il captive son lecteur pour le planter au balcon du désert syrien où résonnent les missiles GRAD et les cris des belligérants.

Il dévoile aussi quelques informations précieuses sur le fonctionnement de Wagner. Les membres du groupe ne répondent pas aux ordres des échelons de commandement de l'armée russe. En Syrie, l'articulation de leurs missions se fait au niveau supérieur des états-majors russes et syriens, qui au passage, dans ce livre, en prennent pour leur grade. Marat fustige les carences de l'armée syrienne. Une force incapable de combattre, même avec l'appui des forces spéciales, de l'aviation et de l'artillerie russe. « C'est nous qui faisions tout le boulot », martèle-t-il. Comme à Palmyre, début 2016. Le célèbre site antique a été conquis une première fois par Daech en mai 2015, avant d'être repris en mars 2016 par les hommes de Wagner. Lors de cette bataille, les mercenaires sont à l'offensive. Les militaires syriens traînent derrière et ne montent au front qu'une fois l'ennemi parti. « L'armée syrienne arrivait ensuite, pour la photo, soupire Marat, exaspéré. Ils étaient tellement mauvais qu'ils n'ont même pas su tenir cette position symbolique. » En décembre 2016, Palmyre retombe aux mains de Daech, un ennemi que Marat décrit volontiers comme « dangereux, impitoyable et sadique, mobile et très motivé grâce au bourrage de crâne idéologique. Un cancer, que j'ai en partie contribué à éradiquer. »

Une autre de ses missions en Syrie a été la création et la formation de milices locales. Marat a été chargé d'entraîner les hommes des « Brigades des Faucons du désert », une organisation paramilitaire qui allait devenir une branche de l'armée syrienne – une sorte de compagnie militaire privée mais intégrée aux forces officielles. Contrairement à Wagner, ce genre de groupes existe légalement en Syrie. Plus tard, Marat dirigera un groupe de combattants syriens appelé les *Isis Hunters* (chasseurs de Daech). Une filiale de Wagner, avec des combattants locaux armés, dirigés et payés par les Russes. Depuis, certains de ces mercenaires syriens ont intégré la Compagnie et sont déployés avec les mercenaires russes sur d'autres théâtres d'opérations, comme la Libye et la Centrafrique.

Au-delà du récit minutieux de la campagne syrienne de Wagner, la force de ce livre réside dans le mélange de faits bruts, de vérités simplement énoncées et d'aventures, au sens romanesque du terme. Ce récit est un entre-deux. Entre épopée parfois presque naïve et violence réelle. Les contradictions sont sous-jacentes.

Les non-dits entre les lignes. Par exemple, quand il s'agit de parler des méthodes des mercenaires de Wagner. Lors de nos entretiens, Marat a admis quelques « manquements aux conventions de Genève ». Comme le pillage quasi systématique des zones tombées sous leur contrôle. En Syrie, il pense avoir fait partie des « gentils » venus éliminer les « méchants » et estime donc que s'installer dans la maison d'une famille et la chasser de chez elle pour y prendre ses quartiers, c'est normal. « Oui, on a pu par moments profiter de la situation. Si on se retrouvait dehors en pleine nuit, qu'il pleuvait des cordes et qu'on avait froid, eh bien, on rentrait dans une maison bien chauffée. Nous débrouillant pour que les gens qui y habitent nous fassent de la place. » Ses prisonniers de guerre, il dit les avoir toujours remis « en bonne santé » aux autorités syriennes. Et il jure n'avoir jamais ni torturé ni tué pour tuer.

Pourtant, à l'époque où il travaillait pour Wagner, un groupe de mercenaires a torturé à mort, démembré et décapité un civil syrien avant de mettre le feu à son cadavre. Ce crime a été filmé de bout en bout. La vidéo a fuité sur les réseaux sociaux en 2019. La victime de ce crime et certains de ses auteurs ont été identifiés par des journalistes indépendants, sans qu'aucune poursuite pénale ne soit engagée. Marat a regardé cette vidéo. Il condamne l'acte, mais le qualifie de dérapage. Un « pétage de plombs » de quelques sadiques, qui ne seraient en rien représentatifs de tout le contingent. « À cause de cet épisode, Wagner a mauvaise réputation en Occident. Il faut que les coupables soient punis pour nous laver de cette tache. Mais il est injuste de croire que tous nos gars sont des criminels. »

Mais ces « dérapages » se sont multipliés. Dans chaque pays où combat la force Wagner, émergent des témoignages de crimes atroces, d'une violence inouïe et gratuite, commis contre des civils. Quand nous lui avons parlé d'autres exactions, de victimes que nous avons personnellement rencontrées, notamment en Centrafrique, Marat s'est figé. Pour lui, il n'y a pas de méthodologie ni de recours systématique à la terreur. Dans sa vision des choses, Wagner est une force du bien qui agit contre la peste des rébellions armées ou de l'islam radical, et combat aussi l'impérialisme mondial emmené par les Américains, obsédés selon lui par l'idée de « détruire la grande Russie ».

Marat n'a pas voulu nous entendre. Comme si admettre la réalité de ces crimes allait anéantir son monde et sa morale. « Je refuse d'y croire, si j'y croyais, ce serait la fin de tout ! » nous a-t-il dit lors de notre dernière rencontre. Refusant de dénoncer et par là même de se compromettre, Marat porte en lui tous les dilemmes qu'impose sa loyauté.

Pour autant, il n'est ni naïf ni aveugle et son rapport à la Compagnie a changé avec les années. Il a su prendre du recul. Il comprend notamment qu'au-delà de sa fonction politique, le groupe Wagner est un instrument pour faire gagner de l'argent à ceux qui le dirigent. Les paramilitaires ne travaillent pas gratuitement. En Syrie, où Marat a combattu, ils étaient chargés de reprendre le contrôle de sites pétroliers et gaziers tombés entre les mains de l'armée syrienne libre ou de l'État islamique, et d'assurer la protection des installations pétrolières. En contrepartie, la Compagnie obtenait une commission de 25 % des revenus de l'or noir ou du gaz. Ceci en vertu d'un accord signé en décembre 2016 à Moscou (selon des journalistes du site russe d'information en ligne Fontanka) par Evro Polis, une société contrôlée par Evgueni Prigojine, et le ministre syrien du Pétrole et des Ressources minérales. Certes, le « cuisinier de Poutine » met Wagner au service des ambitions géopolitiques du Kremlin, il assoit son statut et son influence au sein du microcosme russe, mais par là même, il augmente sa fortune personnelle grâce à des contrats juteux. En République centrafricaine, c'est le secteur minier (or et diamant) qui serait tombé sous son emprise. Wagner contrôle également les douanes locales en prélevant une partie des revenus. Bientôt, nous dit une source bien informée, les hommes de Prigojine mettront la main sur le système fiscal pour bénéficier de ses recettes. Au Mali, où la force est en cours de déploiement, c'est le même schéma. Les services de sécurité de Wagner seraient rémunérés grâce aux recettes minières. La junte au pouvoir à Bamako les paierait 10 millions de dollars par mois, selon le général américain Stephen Townsend, qui a dirigé l'Africom, le commandement des États-Unis pour l'Afrique.

Dans ce contexte, la vie d'un mercenaire, d'un soldat fantôme, pèse bien moins que les énormes intérêts économiques de la structure qui l'emploie. Manquant d'équipements et d'armements hauts de gamme, souvent en première ligne, les troupes de Wagner ont à plusieurs reprises essuyé de lourds revers et connu des pertes humaines importantes. Ce côté « chair à canon » déplaît fortement à Marat. Ça le met en colère, lui qui a perdu quelques dizaines de camarades au combat, lui qui a été marqué dans sa chair dans l'exercice de ses fonctions, lourdement blessé à deux reprises sur le front syrien pour ce qu'il pensait n'être qu'une noble cause.

Le corps toujours criblé d'éclats d'obus, il rumine ses rancœurs. Et garde en tête un événement qu'il n'oubliera jamais. La nuit du 7 au 8 février 2018. Une colonne de mercenaires russes est envoyée au sud de Deir ez-Zor, sur l'Euphrate, pour reprendre la raffinerie d'Al-Tabyah, surnommée l'usine Conoco. Les Wagner se heurtent alors aux forces qui l'occupent : les

Kurdes soutenus par les Américains. Une pluie de bombes s'abat sur eux. « Tout à coup, l'enfer a commencé, se remémore l'auteur. Plusieurs roquettes sont tombées et ont explosé juste à côté de moi. J'avais des brûlures sur tout le visage. C'est vraiment des sensations indescriptibles, tu es figé, tu restes allongé par terre et tu attends la fin, tu ne peux plus rien faire. Ils nous ont mis une de ces raclées ! » Avant de lancer ses bombardements, l'état-major américain avait contacté le commandement russe présent en Syrie pour savoir si ces hommes étaient des leurs. Au bout du fil, un général russe a répondu par la négative. Gêné de devoir reconnaître la présence de mercenaires sur ce terrain.

L'opération est médiatisée. Le monde entier découvre l'existence du groupe Wagner, tandis que les officiels russes continuent de nier, depuis Moscou, tout recours à des mercenaires. Quelques jours plus tard, Maria Zakharova, porte-parole du ministère des Affaires étrangères russe, déclare qu'il n'y avait pas de Russes dans la zone. « Un mensonge impardonnable, juge Marat. J'ai été écœuré. Voir la tronche de cette bonne femme mentir éhontément, ça m'était insupportable. Je la méprise, elle me dégoûte. Pour moi, aucune stratégie gouvernementale, quelle qu'elle soit, ne peut justifier ce genre d'attitude. On ne se désolidarise pas des siens. » Entre 200 et 300 soldats de Wagner auraient péri sous les bombes cette nuit-là.

Moscou finira par concéder cinq tués tout en affirmant haut et fort qu'ils n'avaient aucun rapport avec les autorités russes. Une hypocrisie que Marat ne supporte plus. En 2019, il quitte Wagner, désabusé, ne voulant plus accepter un système où règne la duplicité. « Je suis fier d'avoir participé à cette formation, d'avoir pris part à des opérations historiques. En revanche, aujourd'hui, je suis heureux de ne plus en faire partie. Je ne suis plus en accord avec leur politique du secret absolu. Ce n'est pas bien de dire que des gens n'existent pas, alors qu'ils existent. »

Aujourd'hui, tandis que Wagner étend sa toile à travers le monde, Marat se prend à rêver d'une légalisation du mercenariat en Russie. Pour que ces combattants n'aient plus à se cacher. Pour que son pays assume ses ambitions géopolitiques et cesse d'agir dans le confort des zones grises. Mais difficile d'imaginer le Kremlin et le ministère de la Défense russe sortir du placard. Marat réclame de l'honnêteté, là où il ne peut y en avoir. Et il le sait.

Pour Marat, qui est porteur du double complexe russe, où supériorité et infériorité se livrent une bataille sans merci dans les consciences, il aurait été trop facile de tout critiquer en bloc et de passer à l'Ouest, comme on disait à l'époque de l'URSS. Mais cette option n'est pas pour lui. S'il pouvait exercer son travail de mercenaire légalement, il n'hésiterait pas une seconde à repartir en mission, au service de la Russie. Pourquoi pas ? Après tout, il reste un soldat de son pays.

> Ksenia BOLCHAKOVA et Alexandra JOUSSET
> Journalistes, réalisatrices du film
> *Wagner, l'armée de l'ombre de Poutine*

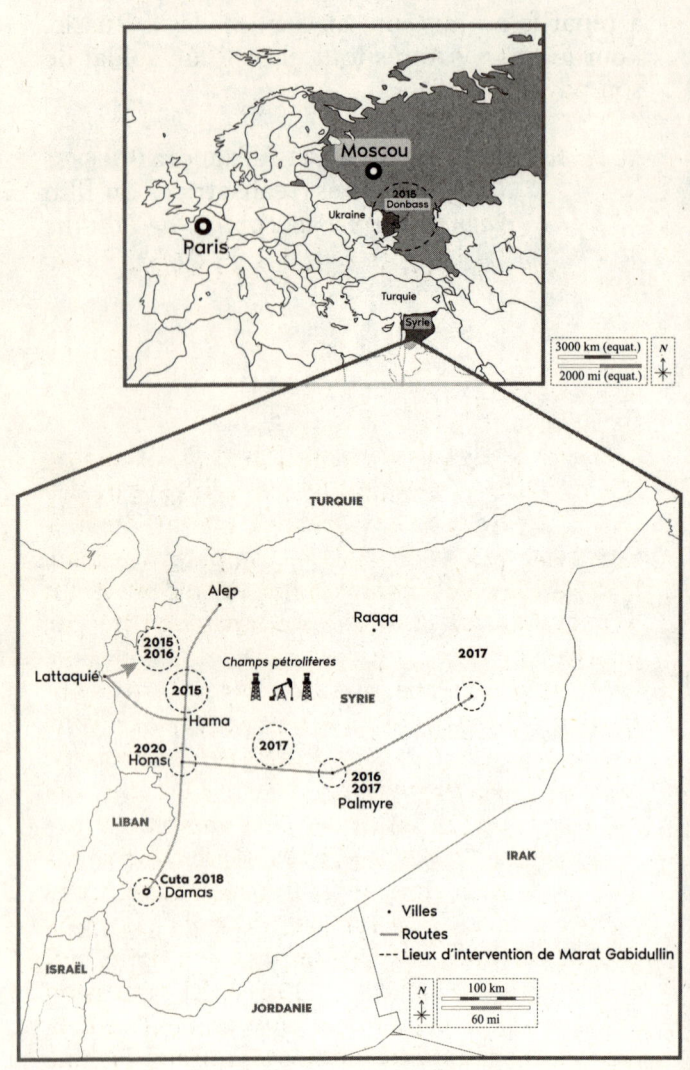

1

EN ROUTE POUR LA LÉGION

Krasnodar, avril-juin 2015

Peut-on se baigner deux fois dans le même fleuve ? Non, a répondu un philosophe de l'Antiquité, sans se douter qu'il retirait ainsi, à tous ceux que les circonstances ont égarés dans le labyrinthe de la vie, l'espoir de retrouver un jour le droit chemin qu'ils auraient quitté par mégarde.

Assis dans l'herbe, laissant mon corps se reposer de la fatigue accumulée au cours de la journée, je regardais le soleil disparaître à l'horizon, oubliant l'agitation et le brouhaha du camp, à mesure que je m'enfonçais dans mes pensées.

Trois mois s'étaient écoulés depuis que j'étais entré dans l'enceinte du futur centre d'entraînement des soldats de fortune, dont les contours étaient marqués par les piquets métalliques qui en formeraient bientôt la clôture. La confusion et le tumulte des premiers jours avaient cédé la place à un emploi du temps rigoureux où une préparation au combat alternait avec une vie quotidienne aussi confortable qu'elle peut l'être sur le terrain.

J'avais complètement perdu l'habitude d'être entouré de tant de monde et je me fatiguais vite. Pourtant, des changements récents dans ma vie me rendaient peu à peu la confiance et la tranquillité d'esprit que j'avais perdues pendant mes années d'errance.

Il était loin le temps où, jeune diplômé du lycée militaire aéroporté de Riazan, le meilleur d'URSS, j'avais pris mon envol, avec le panache de la jeunesse, débordant de force physique et prêt à relever un à un les défis de la vie. Intégrer l'armée de l'air avait été mon rêve de gosse, défendre la mère patrie, être un soldat professionnel… À cette époque, le pays vivait dans l'espoir et l'enthousiasme des premières années de la perestroïka et de la glasnost. Les troubles à Soumgaït en Azerbaïdjan (des pogroms organisés par les Azéris contre la minorité arménienne) et à Almaty au Kazakhstan avaient été perçus comme des accidents de parcours ; personne, dans ses pires cauchemars, n'aurait imaginé les massacres à venir en Transnistrie, en Abkhazie et en Tchétchénie. Dans la Russie de 1988, même les prophéties les plus sombres et les plus audacieuses n'envisageaient pas l'effondrement de l'Union des républiques socialistes soviétiques quatre ans plus tard. Moi, jeune lieutenant plein d'ambitions et d'espoir, inspiré par le vent du changement, j'arrivais à Chisinau pour prendre le commandement d'une section de parachutistes. Le service, d'une pénible monotonie, n'avait rien du romantisme des films de guerre qui avaient nourri mon imaginaire, avec leurs scènes enivrantes de raids aériens et d'opérations de sabotage. Dans la vie réelle, les règles du jeu sont différentes, et j'allais découvrir qu'une carrière ne se construit pas sur l'excellence dans l'art militaire, mais sur la capacité à exécuter les ordres du supérieur. Qu'ils soient raisonnables et justifiés, ou pas. N'obtenant pas la reconnaissance escomptée pour mon assiduité durant les premières années de service, je me consacrais au sport. Je m'entraînais quotidiennement au kick-boxing, à la boxe. Malgré mon implication, qui portait pourtant ses fruits, le titre de champion des armées en combat au corps à corps resterait un rêve inaccessible, alors que ces activités me détournaient de ma mission militaire. Je passais moins de temps dans ma garnison que dans les salles de sport du coin, à faire le coup de poing avec des locaux, qui appartenaient pour la plupart au petit banditisme. Puis sont venues s'ajouter les difficultés liées à l'effondrement de l'Union soviétique et aux années de tumulte qui suivraient. Notre régiment a été parachuté en Sibérie, au milieu de nulle part, et les salaires n'étaient plus payés régulièrement.

Cette accumulation de déconvenues m'a conduit à donner ma démission, en 1993. Pour le regretter presque immédiatement : au moment même où j'envoyais ma lettre, j'étais nommé sous-commandant d'une compagnie de renseignement. Je me suis précipité chez le commandant en chef des forces aéroportées russes, qui m'a reçu en personne, à Moscou, et m'a promis de ne pas accepter ma décision. Mais la bureaucratie a ses lois propres, indépendantes de la volonté d'un chef d'état-major. Ou peut-être ce dernier n'avait-il pas mis beaucoup de cœur à honorer sa promesse. Toujours est-il que l'ordre de licenciement a été exécuté. Deux mois plus tard, j'étais viré, et toutes mes tentatives pour réintégrer l'armée sont demeurées lettre morte. Étonnamment, alors que l'armée connaîtrait une désertion massive ces années-là, j'étais le seul à ne pas trouver place dans ses rangs. Mais il fallait bien faire bouillir la marmite, nourrir ma famille et donner libre cours à mes ambitions grandissantes, à mesure que s'étalait le festin du grand capital qui grisait la Russie. Mon envie de gagner de l'argent vite – « faire du business », disait-on alors – s'est soldée par un règlement de comptes avec la pègre. Pour sauver ma peau, j'ai dégommé un chef de gang et atterri en prison. Trois ans de colonie pénitentiaire à Krasnoïarsk, un casier judiciaire : les portes de l'armée s'étaient définitivement refermées devant moi.

Ma vie avait dévié du plan échafaudé dans ma jeunesse et tournait le dos aux valeurs que m'avait inculquées l'école militaire. Je n'avais aucune envie de chercher une activité dans le civil, ce qui compliquait encore un peu mon cas.

Incapable de trouver quelque chose qui puisse m'intéresser et combler le vide intérieur après mon départ de l'armée, je sombrais périodiquement dans l'alcoolisme, et faisais des choses dont le souvenir me consume encore de honte aujourd'hui.

Pendant un temps, après ma sortie de taule, j'ai travaillé comme agent de sécurité. Toute entreprise en Russie a besoin d'être protégée des manœuvres criminelles. Et d'entretenir des relations amicales avec les fonctionnaires rapaces, toujours en quête de pots-de-vin, qui savent laisser prospérer une affaire s'ils y trouvent leur compte. Je n'y mettais pas beaucoup de cœur. Bien loti, avec un bon salaire, j'ai fini là encore par tout gâcher en me disputant violemment avec mon supérieur, un commandant de police à la retraite, qui ne comprenait pas grand-chose à son travail et ne se distinguait pas par un esprit brillant. Ne connaissant rien ni aux affaires opérationnelles ni à la sécurité, l'ex-flic passait son temps à terroriser la concurrence en jouant la carte de ses relations dans les différents services de maintien de l'ordre, ce qui, en Russie, a toujours été perçu comme la plus précieuse des ressources. Le directeur général de l'entreprise, ne souhaitant pas entrer en conflit avec un ancien policier, m'a pressé de présenter ma démission.

Mes aventures se succédaient dans un désordre peu propice à l'épanouissement personnel. Je ne trouvais pas d'équilibre intérieur, ni le sentiment d'être utile. Mes relations avec Renata, ma fille née d'une première union pendant mon service à Chisinau, dont j'ai toujours assuré la charge, n'étaient pas bonnes non plus. Je manquais de cette force de caractère nécessaire pour asseoir mon autorité paternelle. Et surtout de moyens financiers pour l'aider à résoudre les nombreux problèmes auxquels est confrontée une jeune femme qui vient de terminer ses études et se lance dans la vie active.

J'étais fauché, mais je ne voulais plus trimer pour des soi-disant hommes d'affaires. J'avais fini par totalement mépriser ces trafiquants incultes et sans principes, qui se prenaient pour l'élite de la nation. Mais je n'étais pas assez doué pour me lancer à mon compte : certains ont le don de trouver le filon et l'exploiter, d'autres non. Moi, je n'avais été formé qu'à la guerre.

Longtemps, Natacha, ma femme, a dû supporter toute seule la charge du budget familial, en joignant péniblement les deux bouts. Pour elle, m'avoir suivi jusqu'à Moscou depuis sa Sibérie natale découlait d'autres ambitions que celle de trimer pour se nourrir, s'habiller et payer un loyer. Elle voulait se réaliser. Gérante d'une clinique de cosmétologie réputée, elle était assoiffée d'expériences, et se sentait prisonnière de la nécessité d'assurer une stabilité financière. Elle m'avait toujours aimé, mais acceptait mal mon incapacité à m'adapter aux réalités de la vie. Il me fallait de toute urgence trouver une solution, je ne pouvais pas rester indéfiniment un génie méconnu, risquant de mettre ainsi mon mariage en péril. Mais, à quarante-huit ans, je ne savais toujours pas quoi faire.

Fin mars 2015, je suis sorti de l'impasse grâce à une conversation téléphonique avec un vieux pote de Sibérie, rencontré des années plus tôt, dans une salle de boxe. Samouraï, de son nom de guerre, était un mercenaire par conviction et n'imaginait pas faire autre chose pour gagner sa croûte. À l'âge de la conscription, il avait atterri dans la 201e division, dans les montagnes du Tadjikistan, quand l'ancienne république soviétique était en proie à la guerre civile. Il était retourné chez lui après son service, mais n'y était pas resté longtemps. La guerre l'appelait. Dès que l'occasion s'était présentée, il s'était engagé sous contrat dans la première guerre de Tchétchénie, puis dans la deuxième, peu après notre rencontre, au milieu des années 1990. Après son départ définitif de l'armée, il avait travaillé comme garde du corps, avant de s'enrôler pour escorter des navires dans le golfe d'Aden, infesté de pirates. Nous nous étions perdus de vue depuis un certain temps, mais dans ce moment si critique pour moi, je l'ai retrouvé, via des amis communs. C'est lui qui m'a parlé d'une certaine Compagnie qui pouvait m'offrir de revenir à mes premières amours professionnelles. Samouraï m'a donné une adresse et la date de rendez-vous pour ceux qui souhaitaient rejoindre les rangs de cette « armée » de fortune. Un corps était justement en train de se constituer dans la région de Kouban, dans le sud de la Russie. Après une rapide explication avec Natacha, je me suis installé sur la banquette d'un wagon-lit, en direction d'un avenir inconnu. 2015 allait marquer un tournant, le retour sur le bon chemin et la réalisation, enfin, d'un vieux rêve.

Le camp d'entraînement des contractants militaires privés était une véritable fourmilière, sans rien pour rappeler la discipline qui règne à l'armée. Les gens couraient dans tous les sens, certains combattants reprenaient le service après des vacances prolongées, d'autres revenaient de mission. On se disputait pour les meilleurs lits sous les tentes militaires. C'était chacun pour soi, sans personne pour donner des ordres, ni en recevoir.

J'ai passé sans difficultés tous les tests d'entrée et obtenu une place dans le campement principal. Je n'avais rien perdu de mon habileté dans le maniement des armes ; j'étais dans une forme physique olympique, semant le gros du peloton pendant les trois kilomètres de la course de fond, y compris des types plus jeunes que moi. Le mercenariat recrutait ceux qui savaient faire la guerre et en supporter physiquement la pression. Car c'est bien de guerre qu'il s'agissait, comme on l'annonçait aux nouvelles recrues, en leur conseillant de bien réfléchir à leur engagement. Plus tard, sur le champ de bataille, il n'y aurait pas de pitié pour celui qui reculerait, faisant faux bond à ses camarades. Tant de franchise et de concret me plaisait, j'étais lassé des fausses promesses et des arrangements vides.

La société militaire privée (SMP) qui deviendra célèbre sous le nom de Beethoven, du nom de guerre de son fondateur, mais que nous n'appellerons jamais entre nous que la Compagnie, était une véritable petite armée, où seuls manquaient les aviateurs, les sous-mariniers et les missiliers. Toutes les autres spécialités y étaient représentées et les candidatures nombreuses. J'étais entouré de gens de tout poil, avec autant de parcours et de trajectoires. Il y avait des mercenaires patentés, ayant combattu dans divers points chauds, y compris le Donbass, et qui ne savaient rien faire d'autre. Il y avait des professionnels sérieux. Mais aussi des romantiques qui voulaient surtout se frotter à la guerre. Certains pensaient sincèrement que de méchants fascistes venus d'Ukraine, de l'Ouest, voulaient détruire le monde russophone (comme le martelait la propagande), et qu'il fallait prendre les armes au nom de ce patriotisme dont on nous bourre le crâne depuis l'enfance. D'autres, comme moi, avaient séjourné derrière les barreaux et s'étaient égarés sur les chemins de la vie. Il y avait aussi ceux qui étaient là pour la dose d'adrénaline et le pactole, parce que la guerre était leur drogue et qu'ils n'imaginaient pas revenir à la vie civile et paisible. Ou encore de véritables vauriens alcoolos, qui ne tenaient que grâce à la discipline de l'unité paramilitaire. Chacun avec son histoire, son caractère, sa nationalité et sa religion, mais tous désormais unis par notre métier : le mercenariat. Personne ne se posait la question du statut juridique de la Compagnie qui nous employait. L'équation était simple : c'était une structure où nos compétences étaient recherchées et seraient rémunérées. Je comprenais bien dans quoi je m'embarquais : ce n'était pas l'armée régulière, la Compagnie sortait du cadre de la loi. Les SMP sont interdites en Russie. Officiellement, elles n'existent pas.

J'ai commencé mon aventure de mercenaire comme simple soldat. Je devais encore trouver ma place. J'étais entouré d'hommes qui avaient fait les deux guerres de Tchétchénie, ou celle de Géorgie, ou participé à la rébellion armée dans le Donbass, et avaient pour la plupart plus d'expérience que moi, ancien officier para d'un certain âge, n'ayant jamais combattu. Je me suis raccroché à l'unité internationale commandée par un Serbe, avec lequel je m'étais bien entendu dès les premiers jours dans le camp. Volk[1], loup en russe, m'avait paru doté d'une personnalité peu ordinaire, et puis c'était un étranger, un exotisme en soi. Ce n'est que plus tard, quand les entraînements commenceraient et durant la première mission, que je me rendrais compte, non

---

1. Au sein de la SMP, les mercenaires souvent ne connaissent pas les vrais noms de leurs camarades, chacun se choisit un blaze et s'y tient, notamment pour des raisons de confidentialité.

sans amertume, à quel point tout ce qui brille n'est pas or. Dans les faits, Volk n'était qu'une tête brûlée sans aucun professionnalisme. Une merde.

Dès mon enrôlement, j'ai reçu un jeton, avec un matricule, et une arme. Le processus de formation avait été confié aux commandants des pelotons dont la plupart ne possédaient aucune connaissance théorique et fondaient leur enseignement sur leur seule expérience personnelle du combat. Les entraînements se résumaient le plus souvent à des discussions sur les façons d'agir, sans mise en œuvre pratique. Heureusement que les séances de tir étaient supervisées par un bon instructeur. Je retrouvais des émotions et des sensations oubliées depuis longtemps et cherchais la moindre occasion de retrouver ma dextérité d'antan et d'apprendre de nouvelles pratiques. Physiquement, j'étais en forme, malgré la vie tumultueuse que j'avais menée. Mes connaissances et compétences acquises à l'école militaire et pendant mes années de service revenaient progressivement. Contrairement à ma première impression, la Compagnie était bien structurée, composée de toutes les unités militaires classiques. Sauf qu'il n'y avait pas de grades, seulement des fonctions – commandant de division, de compagnie, de peloton –, en vertu desquelles était défini le statut de chacun. J'ai signé un contrat d'un an. Le premier puis le deuxième salaire m'ont aidé à rétablir mon autorité de mari et de soutien de famille.

Et même si la paye, toujours en liquide, pendant la formation – 80 000 roubles, soit près de 1 000 euros –, était une fois et demie inférieure à celle des missions (120 000 roubles) et à peine plus de la moitié de celle versée lors de participations aux combats (150 000), elle restait tout à fait correcte selon les standards russes. C'était un bon salaire moscovite.

Une nouvelle vie m'attendait. Il me restait à prouver, à moi-même surtout, que j'étais capable d'exercer le métier de combattant. Alors je pourrais me baigner, de nouveau, dans le fleuve que j'avais quitté de nombreuses années auparavant.

*
* *

2
MISSION À LOUHANSK

Été 2015

Le convoi rassemblant voitures et véhicules blindés de transports de troupes (VBTT) se formait sur le chemin goudronné à côté du terrain d'entraînement. Ployant sous le poids de son sac à dos, Volk s'est avancé d'une démarche assurée vers son 4×4. Sans donner d'explications, il a fait signe à ses copains de s'installer à l'arrière, laissant les autres membres de l'unité internationale se débrouiller. Nous nous sommes répartis dans les blindés comme nous pouvions. La route vers Louhansk[1] promettait d'être longue. C'était ma première mission avec les mercenaires.

Nous avons franchi la frontière avec l'Ukraine au milieu de la nuit, quelque part dans la

---
1. En 2014, l'armée russe a soutenu les séparatistes du Donbass ukrainien, dans les régions de Louhansk et de Donetsk.

région de Rostov. Les patrouilles frontalières qui observaient paresseusement le passage de notre convoi ne semblaient pas s'interroger sur l'identité de ce grand groupe d'hommes armés qui passait à gué la petite rivière. À l'aube, nous étions à la périphérie de Krasnodon[1]. Regardant le paysage à travers les vitres épaisses du blindé, j'ai remarqué un grand nombre de chars et de pièces d'artillerie déployés le long de la route. Visiblement, on ne prenait pas la peine de dissimuler tous ces équipements militaires et engins de guerre. Notre convoi a atteint Louhansk vers midi et s'est dispersé en plusieurs groupes qui ont rejoint leurs bases respectives.

Notre unité, rattachée à la compagnie de Ratnik (le hallebardier), un ancien officier du Spetsnaz[2], considéré comme le meilleur commandant de la SMP, a été affectée dans un ancien centre de formation de pompiers de la région de Louhansk. Nous avons trouvé les lieux dans un état lamentable. Avant nous, ils avaient été occupés par des milices de la république autoproclamée. Les pièces étaient jonchées d'ordures ménagères et de déchets alimentaires. On trouvait, éparpillés partout, des cartons de rations des forces armées russes. Des conserves de rationnement militaire entamées qui dégageaient une odeur de viande

---

1. À 50 kilomètres de Louhansk
2. Forces spéciales du Service de renseignements et d'action militaire de la Russie

pourrie et attiraient les mouches traînaient partout. Des vêtements usés, des guenilles, des meubles cassés et des déchets de toutes sortes complétaient ce tableau de laisser-aller total. Les toilettes et les douches étaient toutes bouchées, les tuyaux littéralement arrachés de leurs raccords. Les conduites d'eau fonctionnaient, mais pour que l'eau parvienne aux lavabos et aux douches, il a fallu trouver des tuyaux flexibles. Le gros camion à benne a dû effectuer dix voyages pour transporter les déchets putréfiés vers une décharge en rase campagne. J'ai commencé à douter fortement de la santé mentale des milices de la RPL[1]. Mon expérience future ne ferait que renforcer cette opinion.

Louhansk était une ville moyenne, très urbanisée, légèrement délabrée mais pleine de vie. L'activité commerciale se réduisait essentiellement aux boutiques et à une grande variété de cafés et restaurants. À la périphérie, le long de l'autoroute, brillaient les enseignes de nombreuses concessions automobiles, toutes vides. Quand j'ai demandé, aux camarades qui avaient en 2014 participé aux combats pour l'aéroport de Louhansk, si les voitures avaient eu le temps d'être évacuées ou au moins vendues, ils m'ont répondu en ricanant :

— Non. Ils n'ont même pas pu les vendre au rabais. Dès que les séparatistes ont récupéré

---

1. République populaire de Louhansk

des armes, ils ont fait main basse sur toutes les bagnoles.

Dans le centre-ville, sur le marché, on trouvait des produits importés de Russie mais aussi d'Europe. Pour faire passer à la marchandise la « frontière » entre les deux camps belligérants, il suffisait de payer une taxe, c'est-à-dire un pot-de-vin.

Jusqu'à la guerre, la ville s'était développée à un rythme soutenu. Avec ses hôtels, centres commerciaux, restaurants, cafés, salons de coiffure et saunas, Louhansk continuait de vivre, bien que marquée par quelques stigmates du conflit : le dôme du cinéma était crevé et un immeuble d'habitation présentait une brèche de la taille d'un appartement, à la suite d'un tir de missile.

Deux jours après notre arrivée, la compagnie de Ratnik est partie sur la ligne de contact, et nous sommes restés seuls sur la base avec les techniciens. Notre unité avait été affectée à l'hôpital central de la ville. Notre présence y était requise par des circonstances tout à fait prosaïques, qui illustraient bien la situation dans la république autoproclamée : le nombre de rixes alcoolisées entre miliciens séparatistes, ou, plus précisément, soldats de l'armée de la RPL, avait augmenté. Les bastons se terminaient souvent par des coups de feu, certains ne se séparant jamais de leurs armes, même pas sur leur lit d'hôpital.

Pendant cette corvée, j'ai eu le loisir de découvrir les mœurs des citoyens de la république populaire de Louhansk. Le médecin de garde m'a tout de suite expliqué qu'en réalité, le service le plus chargé n'était pas la traumatologie, comme on aurait pu s'y attendre si près du front, mais la chirurgie maxillo-faciale.

— Tu crois que ce sont des combattants qui ont reçu une balle ou un éclat dans la mâchoire et qui se requinquent là ? Eh bien non. Dans tous ces lits, ce sont principalement des femmes, les épouses ou compagnes de nos rebelles. Le mari revient du front de mauvaise humeur, il se bourre la gueule et commence à taper sur tout ce qui bouge. La femme est un être faible, et c'est sur elle qu'il passe sa colère.

J'ai passé une tête dans le service. Il avait dit vrai. Les chambres étaient pleines de femmes, avec des attelles aux mâchoires et des pansements couvrant les blessures.

Un soir, une très jeune infirmière s'est jointe à nous, pendant que nous buvions un café sur le perron. Elle s'est mise à hurler sa haine pour les maudits « oukropy[1] », qu'elle traitait de tous les noms. Mais de son flot de paroles je n'ai pas réussi à comprendre ce qu'elle reprochait au juste au pouvoir central ukrainien. Son monologue ressemblait plus à la complainte d'un enfant privé de dessert sans savoir exactement à qui il fallait en vouloir.

Au petit matin, à la fin de sa garde de 24 heures, elle est rentrée chez elle, emportant

---

1. Surnom méprisant donné par les Russes aux Ukrainiens pro-Kiev

un sac de nourriture composé de l'aide humanitaire arrivée la veille. Depuis trois mois, le personnel médical ne recevait plus de salaire mais était rémunéré en nature. L'infirmière ne paraissait pas particulièrement choquée d'être payée en denrées reçues gratuitement par ses employeurs. Peut-être pensait-elle que cela aussi était la faute de ces « sales oukropy »…

Quant aux combattants de l'armée de la république de Louhansk, nous n'avons eu aucun problème avec eux. Ils ont tout de suite compris qu'ils étaient désormais surveillés par des mercenaires, et se sont tenus à carreau. Ils ne savaient que trop bien de quoi nous étions capables. Outre les rumeurs insistantes sur la participation des employés de la Compagnie à la liquidation de Mozgovoï[1], les habitants de la RPL se souvenaient de la force de frappe des mercenaires qui avaient réglé son compte au bataillon pro-russe « Odessa », dont les combattants avaient tourné pillards et bandits ordinaires.

Les convalescents sortaient de bon matin dans le square devant l'entrée principale de l'hôpital et, après une petite promenade, se dirigeaient vers les magasins avoisinants. Une bouteille de vodka infâme et bon marché était dégustée à trois, comme le veut la tradition. Puis les défenseurs de la république s'étendaient sur la

---

1. L'un des chefs de la république autoproclamée de Louhansk, particulièrement violent et exubérant, assassiné en 2015

pelouse, derrière le magasin, et s'endormaient paisiblement.

Au cours du deuxième mois de cette mission, nous avons enfin été envoyés sur la ligne de contact. Notre peloton a pris ses quartiers dans un hameau pittoresque au bord de la rivière Seversky Donets. Volk, grâce à ses fouines de copains serbes, a vite fait de trouver une maison vide. Notre bande, rongée déjà par des querelles intérieures, s'est installée dans la maison d'une petite vieille qui avait fui la guerre en 2014, à l'époque où les combats faisaient rage.

La bâtisse, perchée sur la crête, à flanc de rivière, était parfaitement visible depuis la rive opposée. Ce qui n'inquiétait pas Volk, qui ne se souciait pas plus des aspects purement militaires. Le point d'observation était proche de la ligne de front, ce qui était très pratique pour les Serbes, peu habitués à de longues marches. Les autres étaient contents aussi. Personne ne pensait sérieusement aux possibles conséquences d'une telle légèreté.

Entre deux missions sur le point d'observation, les combattants partageaient leur temps entre bavardages, disputes, lecture et sport, dans une moindre mesure. Mais la principale occupation, qui prenait largement le dessus sur toutes les autres, c'était le sommeil. J'ai été sidéré par la capacité des Serbes à passer la plus grosse partie d'une journée à pioncer. Ils passaient deux heures par jour, et autant la nuit, au poste d'observation. Tout le reste du temps, ils dormaient.

Notre séjour dans le petit village tranquille et désert s'est terminé sur une sortie de reconnaissance en territoire ennemi. L'opération a été menée de manière absurde et dilettante, ce qui n'a fait qu'augmenter la méfiance des combattants russes envers Volk et ses compatriotes. Le commandant du groupe s'est distingué par son manque de professionnalisme, mais aussi par son talent pour rejeter sur d'autres tous les soupçons d'incompétence.

En guise de sortie de reconnaissance, nous avons erré en foule désorganisée dans les épaisseurs du bois à l'orée duquel nous avons ensuite longuement fait le pied de grue. Personne n'avait vraiment compris l'objectif de cette mission en territoire ennemi, ni quel rôle nous devions y jouer. Nous sommes entrés en suivant Volk qui se repérait grâce au GPS de son smartphone. Difficile d'imaginer une situation plus stupide.

Dans la même veine absurde, mes relations avec Volk se sont détériorées autour d'une histoire de déchets. Contrairement à la plupart des combattants, qui jetaient les emballages de leur ration directement là où ils avaient mangé, je partais les enterrer au fond des bois, en dissimulant les traces de mon passage. La balance principale de Volk, pensant que j'allais me soulager, a signalé mon « manège » à son patron. Volk m'est tombé dessus, alléguant que j'étais incontinent, parce que je vidais trop souvent mes intestins. Bref, que voulez-vous, Volk et ses sbires étaient d'anciens flics, qui n'avaient pas la moindre idée de ce qu'être discret signifie quand tu te trouves derrière les lignes ennemies. Contrairement à moi, qui avais fait des études militaires et servi dans le renseignement, les Serbes ne s'inspiraient que de ce qu'ils avaient vu dans les films.

La cohabitation dans la maisonnette de la petite vieille a définitivement brouillé les Serbes et les Russes du peloton international. Les confrontations étaient devenues quotidiennes, exacerbées par les caprices et l'inaptitude à commander de Volk. La maison, vandalisée, avait été pillée de la cave au grenier. Dans la pièce qu'ils occupaient, les Serbes s'étaient débrouillés pour casser tout le mobilier et rafler la vaisselle (par la suite, j'ai retrouvé des pièces du service de la vieille sur la base de Louhansk). Pour être parfaitement honnête, les Russes aussi se sont servis, en confitures et en compotes, dans les celliers de la grand-mère, mais sans excès, et sans épuiser totalement ses stocks.

La dernière étape de notre mission s'est déroulée dans la petite ville de Slovianoserbsk, à deux pas de la ligne de contact. L'objectif était le même – surveiller les positions ennemies. Personne ne comprenait ni le sens ni l'intérêt de cette veille, et nous nous contentions d'observer dans nos jumelles la rive opposée. J'ai remarqué un grand nombre de jeunes mères, avec des nourrissons, comme si la guerre avait réveillé l'instinct de reproduction des habitants du Donbass.

Un jour, à la périphérie de la ville, j'ai croisé des gars de Ratnik, haletants, les visages noirs de suie et de poussière. Ils revenaient d'une sortie de sabotage derrière les lignes ukrainiennes. Ils étaient à pied, les véhicules transportaient les blessés et les morts. Sur le chemin du retour, un déclencheur de mine directionnelle avait explosé. C'est comme ça que j'ai appris que des mercenaires tourmentaient constamment les défenses des Ukrainiens en menant des raids et des attaques sur leurs arrières. Bombardements d'artillerie, opérations de groupes de reconnaissance et de sabotage, c'était à se demander qui enfreignait le cessez-le-feu...

La veille de notre retour en Russie, je me suis aventuré sur le marché de Louhansk. Je voulais revendre la cartouche de cigarettes que j'avais reçue en complément de ma ration. L'acheteur, un gars du coin, pour conclure la longue conversation qui avait accompagné les négociations, a vidé son sac :

— Cette guerre, nous, on n'en voulait pas. C'est vous qui l'avez déclenchée et entretenue. Le seul point positif, c'est qu'il n'y a plus de clochards dans la rue. Ils sont tous partis à l'armée !

Je quittais Louhansk avec un sentiment mitigé de frustration et de déception. Je m'étais rendu compte, soudainement, de la tromperie et de l'illusion de cette prétendue noble cause qui parlait de défendre les intérêts de la Russie face aux empiètements d'une puissance étrangère hostile. La république populaire de Louhansk était en fait une petite société de gens pris en otage par une bande de barbares analphabètes, qui avaient eu accès à des armes. Ces derniers, à leur tour, accomplissaient la volonté d'autres personnes, qui, de toute évidence, n'étaient pas mues par des motifs moraux et ne reculaient devant rien. Heureusement, je n'ai jamais eu à me servir de mon arme au cours de cette mission. Mais j'ai commencé à douter. Ce n'était pas la voie que j'avais souhaité suivre – être un simple mercenaire sans penser aux conséquences de mes actes, très peu pour moi. Je ne voulais pas combattre contre mes frères non plus. Surtout, j'avais compris que l'Ukraine était loin d'avoir complètement tort, autant que la Russie était loin d'être irréprochable.

Que faire ? S'ils me renvoient dans le Donbass, et qui plus est au combat, alors non, je n'irai pas contre le bon sens et ce que me dicte ma conscience. Je démissionnerai.

3

LE TRANSFERT

Environs de Moscou, décembre 2015

La salle d'attente pour l'embarquement se remplissait vite. Des militaires, mais aussi quelques civils, employés dans les services de logistique. Un groupe d'hommes, avec cette mine à la fois préoccupée et arrogante des serviteurs de l'État, se distinguait par la qualité de ses uniformes. Ils zyeutaient avec étonnement la horde éméchée de gars solides aux tenues hétéroclites, qui se tenait à l'écart.

J'avais bien remarqué pendant le trajet en car que des petits groupes compacts se formaient spontanément entre les sièges, beaucoup trop silencieux pour ne pas cacher quelque chose. L'alcool circulait. Mais malgré les demandes de Biker (le motard), le chef des services de reconnaissance et mon supérieur hiérarchique, je n'allais pas empêcher mes hommes de picoler en douce. Tout d'abord, j'étais persuadé qu'il n'y aurait pas d'excès graves. Et puis j'avais décidé de laisser à mes éclaireurs – je commandais un groupe de reconnaissance – la possibilité de s'éclater une dernière fois avant de se retrouver dans l'enfer de la guerre syrienne, où ils allaient perdre des amis, risquer leur vie et verser le sang.

En cette fin décembre, nous quittions la Russie dans le blizzard, une fine neige fouettait les visages rougis par la vodka. Il avait quand même fallu en traîner un – Vovan, rond comme une bille – sur le tarmac, en le soutenant de chaque côté, tandis que son lourd sac à dos rempli de matériel militaire passait de main en main, jusqu'à la cabine de fret de l'IL-76[1].

Il y avait tant de monde et de matériel qu'il aurait été inutile de chercher à se mettre à l'aise dans l'avion de transport militaire. La soute était remplie à ras bord : quelques véhicules, des caisses et des bardas, des effets personnels. Les hommes s'étaient répartis comme ils pouvaient, pour que les six heures de vol soient le moins pénibles possible. Les soldats de fortune avaient un net avantage sur les autres passagers. À peine posés, confortablement ou pas, ils se sont endormis. Le long trajet nocturne en car depuis notre base méridionale, l'attente épuisante de l'embarquement et, bien sûr, toute la vodka qu'ils avaient ingurgitée avaient eu raison d'eux. La tranche arrière de l'avion n'était pas encore fermée que mes hommes ronflaient à

---

1. Iliouchine IL-76

poings fermés. L'appareil a pris rapidement de l'altitude, s'est extirpé des nuages, et les paysages hivernaux de la région de Moscou ont été engloutis dans la nuit.

Lattaquié nous a accueillis avec l'agréable fraîcheur du littoral méditerranéen. C'était de ce fief de la famille Assad que décollaient les bombardiers russes depuis qu'avait commencé l'intervention officielle en Syrie, le 30 septembre 2015. Après avoir étiré nos membres endoloris, nous avons déchargé nos affaires, les entreposant en rangées inégales sur le bord de la piste. Le chef de l'équipe responsable de notre prise en charge n'était pas très aimable et ne jugea pas utile de nous indiquer quelles voitures étaient destinées à qui. Biker n'a pas été d'une grande aide non plus, il est monté dans le camion de tête, oubliant immédiatement ce qui se passait autour de lui. Il ne faisait que respecter la procédure, chaque commandant devant prendre soin de son propre contingent. J'ai mis un certain temps à trouver la réponse à une question toute simple : dans quel véhicule charger mes hommes et notre matériel ? Le responsable a fini par me désigner avec nonchalance deux camions, sans m'inviter pour autant à monter dans le pick-up de l'état-major – j'y avais droit en tant que commandant du groupe de reconnaissance. Les cabines des Ural[1] étaient déjà occupées par toutes sortes d'individus – du personnel administratif du camp

---

1. Camions militaires

de base – qui se faisaient passer pour des gardes, mais surtout qui avaient demandé à sortir faire un tour, pour tromper l'ennui.

Après le voyage pénible dans la soute de l'Iliouchine, l'attitude irrespectueuse du responsable de l'accueil envers moi, un commandant de compagnie, avait définitivement gâté mon humeur. Mais je suis parvenu à réprimer ma première impulsion – virer les passagers qui n'avaient rien à faire dans la cabine et les envoyer à l'arrière. Je ne voulais pas commencer la mission sur un conflit, dont l'issue était imprévisible. Beaucoup de gens considéraient que je me la racontais, et un excès d'arrogance pouvait déplaire à la direction de la SMP. Évidemment, si j'avais été un vétéran, jouissant d'un statut et du respect de ces soldats de fortune, on m'aurait trouvé un siège dans le camion de l'état-major. Je n'ai pas réussi à dissimuler complètement mon irritation, et après avoir lancé à ceux qui s'étaient incrustés : « Qu'est-ce que vous êtes venus foutre ici, à prendre toutes les places ? », je me suis dirigé vers l'arrière du camion. Un imprudent, qui avait visiblement décidé de m'apprendre la vie, a pris pour les autres.

— Pour qui tu te prends ? T'as un problème, connard ?

J'ai explosé. Dans ces moments-là, mon vocabulaire d'ancien taulard refaisait surface, je n'y pouvais rien. Pris au dépourvu par tant de violence, il a ravalé son insulte et s'est rétracté dans la cabine. Le responsable de l'accueil en a pris pour son grade aussi. Quand il a voulu comprendre ce qui se passait, je l'ai rembarré.

— Y avait qu'à me montrer tout de suite où on devait charger, au lieu de se branler la nouille.

Il a fait un rapport dès notre arrivée à la base. Convoqué au QG pour m'expliquer, j'ai haussé les épaules :

— Il s'est rien passé du tout, on a chargé et on est partis.

Mon flegme a de toute évidence découragé le chef d'état-major, qui lui-même n'avait pas particulièrement envie de se quereller avec le commandant de l'une des plus grandes compagnies du camp. Ma réponse a suffi à clore le débat.

Ainsi commençait ma deuxième mission en Syrie, avec ses montagnes densément boisées d'un côté et son désert incandescent de l'autre, ses oliveraies et ses jardins d'agrumes, ses anciennes forteresses et ses temples, mais aussi ses rues jonchées de déchets. Dans quelques semaines, nous allions faire notre première sortie dans les montagnes et affronter la guerre, que rien ne rappelait dans l'atmosphère paisible et détendue qui régnait dans le camp de base, mais que la présence d'un grand nombre d'hommes armés et les affiches des héros tombés au combat rendaient palpable.

4
PRÉPARATION AUX COMBATS

Le campus de l'université agricole où les légionnaires avaient pris leurs quartiers était aussi la base arrière d'une SMP locale. Pompeusement nommée Brigades des Faucons du désert, cette milice fondée et financée par deux oligarques – les frères Ayman et Mohammad Jaber – et principalement composée de vétérans de l'armée syrienne était considérée comme une unité d'élite. Ses combattants, souvent meilleurs que les militaires professionnels, étaient incomparablement mieux payés. En vertu d'un accord entre les deux SMP – la syrienne et la nôtre –, les soldats de fortune russes dispensaient une formation militaire complète aux mercenaires locaux.

Nous avons d'abord célébré la nouvelle année 2016. Avec un festin, mais sans excès d'alcool. Ce qui ne gâcha pas notre entrain, et la fête a duré jusque tard dans la nuit. Deux jours plus tard, une première cargaison d'armes et de munitions, fournies par le ministère de la Défense, arrivait de Russie. Le moment était venu de commencer les entraînements. Il nous a fallu tout de même un peu de temps pour nous mettre dans le bain, après l'oisiveté des derniers jours. Notre période d'entraînement, en Russie, était déjà loin derrière nous, et les combats, ici, n'avaient pas encore commencé. J'ai dû recourir à mon droit de sévir pour en inciter certains à surmonter leur paresse. Le peloton du guerroyeur Tchoub (le toupet), un ancien officier de l'armée russe, passé par l'Afghanistan, la Tchétchénie et le Donbass, n'a posé aucun problème : ses hommes avaient de la bouteille et ont tout de suite marché droit. Pareil pour les experts techniques du peloton de Gourzouf, considéré comme le meilleur spécialiste de tout ce qui vole, surveille et écoute, et pour la nomination duquel je m'étais personnellement battu. C'était une autre affaire avec les hommes de Zaliv (la baie) – des bleus, arrogants et ambitieux, qui devaient encore apprendre les ficelles du métier militaire, et surtout comprendre qu'il nécessite un continuel travail de perfectionnement.

La matinée commençait par quelques exercices d'échauffement et une course à pied obligatoire. On cuisinait nous-mêmes, avec ce qu'on avait sous la main – des rations sèches ou quelques produits achetés dans les commerces du coin. Il n'y avait pas de corvées, comme à l'armée. Après un rassemblement rapide de tous les légionnaires devant l'entrée principale, le campus tout entier se transformait en arène d'entraînement. Partout résonnaient le cliquetis des armes, les ordres, les cris et le bruit de bottes des Faucons qui couraient en formation. Une partie des mercenaires russes, ceux qui n'étaient pas impliqués dans l'instruction des alliés syriens, s'équipaient et quittaient le camp, pour aller travailler à l'interaction entre groupes au combat. Le petit champ de tir, situé au bord de l'eau, ne désemplissait quasiment jamais. Les soldats de fortune s'y rendaient assidûment, pour se faire la main. Les forces spéciales du GRU[1], qui avaient leurs quartiers ici, nous regardaient passer avec perplexité, se demandant qui nous étions, et pourquoi nous avions tant besoin de fréquenter le polygone de tir, où eux-mêmes ne mettaient que rarement les pieds.

Chaque unité de *sadyk*[2], sous la direction d'instructeurs russes, s'entraînait selon un programme spécifique. Les tireurs au mortier montaient leur matériel puis le démontaient pour le transporter, tout en apprenant son maniement. L'infanterie s'exerçait aux techniques du combat tactique. Les mitrailleurs et les tireurs au lance-roquettes se familiarisaient avec leurs armes. Assez vite, nous avons compris que nos amis les Faucons du désert se moquaient bien d'être des élèves modèles. Ne montrant aucun goût pour les exercices répétitifs, ils refusaient de comprendre l'intérêt de recommencer, encore

---

1. Le service de renseignement militaire russe
2. Amis en arabe, c'est ainsi que les Russes, entre eux, désignaient les Syriens.

et encore, les actions qu'ils avaient exécutées correctement une fois. La science de la guerre est un domaine où ils n'excelleraient jamais, alors qu'ils constituaient l'une des meilleures formations armées en Syrie. Ce qui en disait long sur l'état de l'armée régulière ! Pas étonnant qu'en soixante-dix ans, elle n'ait remporté aucune victoire et se soit vue repoussée tantôt par les Israéliens, tantôt par les Turcs. Pour les Syriens, la guerre n'était rien d'autre qu'une confrontation entre deux foules, où l'on se tire dessus avec ce qu'on a sous la main, et d'où le plus chanceux sort vainqueur.

Notre arsenal grossissait à chaque nouvelle livraison de Russie. J'ai fini par recevoir, à ma grande satisfaction, les véhicules qu'on m'avait promis. Il a quand même fallu céder tous les pick-up à Gourzouf, qui avait besoin de voitures légères et rapides pour ses drones, notre principal outil de reconnaissance sur le terrain. Les camions Kamaz et Ural ont été affectés aux besoins généraux de la Compagnie, et je suis resté une fois de plus sans transport personnel.

Contrairement à la mission précédente, le commandement allié – l'armée syrienne et leurs soutiens officiels russes – avait décidé d'utiliser les mercenaires comme principale force d'attaque au sol. Le sachant, nous nous préparions sérieusement.

5

SALMA

Les pittoresques montagnes de Lattaquié, toutes de falaises et de gorges boisées, étaient peuplées d'hommes laborieux. Même pendant les années de guerre, les villes et les villages, chacun avec sa mosquée décorée de marbre, semblaient bien entretenus, ce qui nous inspirait du respect pour les locaux. Bien que le climat fût plus rude que sur le littoral, les collines au sol fertile voyaient pousser des citrus et d'autres fruits et légumes extrêmement exotiques pour un soldat russe. Ce relief, densément boisé, constituait aussi une couverture parfaite pour les insurgés de l'Armée syrienne libre – principale force armée opposée à Bachar al-Assad – et pour les djihadistes d'Al-Nusra.

Le terreau idéologique s'était révélé lui aussi propice à l'opposition. Les habitants n'appréciaient guère leurs voisins des zones côtières, notamment à cause des inégalités entre clans régionaux, qui avaient toujours régné dans le pays. Les élites, grâce au moukhabarat, les services secrets syriens, réussissaient à tenir les autres groupes à distance des meilleures parts du gâteau que représentaient les ressources d'État. Les désaccords sur les questions de foi et les subtilités de l'observance de l'islam y étaient aussi pour quelque chose, mais jouaient plutôt un rôle de catalyseur, renforçant les haines dans la population et justifiant les assassinats entre compatriotes. Cette haine était également nourrie et entretenue par les soldats d'Assad qui, pour masquer leur incapacité flagrante au combat, pillaient et réprimaient sans retenue, avec l'assentiment de leurs généraux. Le gouvernement justifiait ces exactions et expropriations, arguant qu'elles représentaient une punition pour ceux qui s'étaient opposés à l'autorité légale et avaient levé la main sur ses représentants.

La Turquie, visiblement décidée à tirer profit des luttes intestines chez son voisin, versait aussi de l'huile sur le feu. Elle fournissait à l'Armée libre non seulement des armes et des munitions mais également des conseillers militaires professionnels, qui dirigeaient souvent, et sans se cacher, les opérations sur le champ de bataille.

La guerre allait durer longtemps.

La compagnie de Ratnik et mon groupe de reconnaissance avons été envoyés dans le nord-ouest en renfort aux unités d'Assad, qui, après l'entrée en guerre de l'aviation russe, s'étaient mises à progresser, en reprenant des zones précédemment perdues. Pour cette mission, nous avons installé notre base à Talla, un de ces hameaux éparpillés à flanc de colline, d'où l'on aperçoit bien Salma. Les aînés du village nous ont proposé d'investir les maisons abandonnées par ceux qui avaient fui la guerre. C'est là qu'était également stationné le commandement de l'armée russe, qui coordonnait les actions de l'artillerie et de l'infanterie pendant l'offensive de Salma, et vers le nord, en direction de la frontière turque. La sécurité était assurée par un groupe des forces spéciales du GRU, venu de Sibérie. En Syrie, chaque fois que j'ai croisé ces gars coriaces, c'était à l'arrière, ils gardaient des QG ou escortaient des généraux. Je ne les ai jamais vus sur la ligne de front, ni prendre part à un combat.

Lors des premières opérations conjointes avec les Syriens, nous, les mercenaires, n'avions qu'une vague idée de ce que faisaient les militaires russes dans la région. Au départ, nous n'avions que respect et bienveillance à leur égard. Ça n'a pas duré. Comment aurait-il pu en être autrement ? Nous, les soldats de fortune, donnions des assauts et repoussions des attaques, comptions des morts et des blessés, et pendant ce temps, les militaires de l'armée russe se répandaient en interviews, racontant, sans rougir, leurs exploits, et recevaient des décorations d'État pour leurs prétendus services rendus. Mais tout cela, nous allions le découvrir plus tard. À notre arrivée, nous étions contents de les rencontrer. « Salut, frangin ! Tu es de quel coin, toi ? Approche. On te sert un thé, un café ? »

Le gradé de l'armée russe qui allait superviser la prochaine opération avait une tête d'intello. Tout le monde le surnommait simplement Sergueïevitch[1]. Son rôle était d'organiser la coopération entre l'allié syrien, les mercenaires et enfin l'artillerie et l'aviation russes. À notre arrivée à Talla, il nous a rapidement briefés sur la situation et a fixé l'horaire de départ vers le front. Notre objectif n'était pas des plus simples. Nous devions prendre position pour repousser une contre-offensive de l'Armée syrienne libre qui tentait de faire basculer la bataille de Salma. Notre colonne, composée d'Ural et de GAZ déclassés depuis longtemps, s'est ébranlée vers la route montagneuse, rugissant et tirant de toutes les forces qui lui restaient. En tête, avançait un Tigr[2] des forces spéciales. On aurait dit un jeune garde-malade débordant d'énergie, un beau gosse que n'auraient affecté ni le temps ni les privations, en train d'emmener un groupe de retraités à la cantine du coin.

Après plus d'une heure de serpentins et de rampes étroites, que nos camions fatigués ne parvenaient à gravir qu'à la deuxième ou troisième tentative, sont apparus les abords de Salma, ravagée comme Stalingrad en 1943. Après avoir traversé le centre-ville, notre convoi s'est arrêté à la périphérie nord, où les talus longeant la route nous servaient de couverture.

---

1. Par son patronyme, ce qui est fréquent en Russie
2. Véhicule militaire blindé léger

Nous avons tout de suite remarqué l'agitation des Syriens, qui se protégeaient des tirs ennemis derrière une colline hérissée d'un petit bosquet de cèdres. Sergueïevitch nous a convoqués, Ratnik et moi, pour que l'on écoute l'état des lieux dressés par les commandants syriens. Un interprète traduisait tandis qu'ils se tenaient là, effrayés et décontenancés.

Bien que tendue, la situation était familière et prévisible : l'ennemi avait attaqué nos amis au petit matin, s'emparant de leurs positions à l'orée nord de la ville, et visiblement se préparait à concentrer ses forces pour une nouvelle poussée. Plus fâcheux encore, les insurgés avaient mis la main sur deux chars appartenant aux combattants d'Assad, qui les avaient simplement abandonnés en se repliant.

Le temps jouait contre nous. Les *doukhi*[1] pouvaient se mettre en mouvement d'une minute à l'autre, et si nous voulions rester sur un pied d'égalité avec eux, nous devions prendre des positions avantageuses. L'histoire des chars n'augurait rien de bon, notre capacité à résister à une machine blindée équipée d'un puissant canon était limitée. Mais pleurnicher n'avançait à rien, et Ratnik a commencé sans tarder à préparer la défense, en répartissant ses hommes

---

1. Raccourci pour *dushman*, « ennemi » en persan. Les soldats soviétiques désignaient ainsi les moudjahidine pendant la guerre d'Afghanistan, et, depuis, tout ennemi en Asie ou Orient.

à la périphérie de la ville. Sur les ordres de l'imperturbable Sergueïevitch, je suis allé avec mon groupe de reconnaissance inspecter la maison qui servirait de centre de commandement. Les armes lourdes ont été déployées. Dès qu'ils furent en place, les guetteurs nous ont fait état de leurs observations : les insurgés se déplaçaient par petits groupes, aussi bien dans la gorge, encombrée d'habitations, que sur les hauteurs, en face de nos positions, à trois kilomètres environ à vol d'oiseau.

À peine leurs bipodes et crampons plantés dans le béton, sur des espaces dégagés à la hâte entre les bâtiments détruits, les mitrailleuses Kord et les lance-grenades AGS de gros calibre se sont mis à canarder. En se basant sur les indications des guetteurs, les artilleurs effectuaient leurs réglages à vue, puis corrigeaient le tir selon le résultat. Bientôt, les snipers sont entrés dans la danse. Habitués à un rythme de déplacement plus mesuré et tranquille lorsqu'ils repéraient eux-mêmes l'endroit d'où ils allaient tirer, Mirny (le paisible) et Goba ont ouvert la chasse avec leur Mannlicher[1] à longue portée, condamnant à mort quiconque se montrait trop distrait ou avait mal choisi son abri. Ratnik pressait ses hommes, les dirigeant vers ce qui lui semblait être des positions optimales.

Un tir de missile antichar a déchiré l'air, suivi d'un rugissement assourdissant, comme le

---

1. Fusil à verrou de fabrication autrichienne

vrombissement d'un bourdon géant : l'un des tanks saisis par l'ennemi était touché, ce qui éliminait l'un de nos principaux dangers – dans l'hypothèse où les rebelles avaient trouvé un équipage capable de démarrer le véhicule et pointer le canon dans notre direction. Les mitrailleuses lourdes crachaient de courtes rafales, les lance-grenades automatiques aboyaient comme des chiens hargneux, rebondissant sur leurs châssis. Les fusils de sniper à longue portée martelaient de leurs tirs uniques, les guetteurs hurlaient, comme tous ceux qui avaient des jumelles, fouillant la colline du regard à la recherche des cibles. Traînant des pieds, n'ayant plus la force de courir, les combattants apportaient encore et encore de lourdes caisses de munitions, pour nourrir les machines voraces et insatiables.

Sergueïevitch, après un bref conciliabule avec le commandant des Faucons, m'a indiqué une mosquée sur la gauche, me demandant d'y envoyer mes hommes pour surveiller le flanc. Un petit groupe de Syriens, attroupés à côté du QG, devait nous accompagner. Bien qu'enhardis par l'arrivée des unités russes, ces Faucons ont catégoriquement refusé de quitter l'endroit où ils se sentaient en sécurité. Finalement, j'y ai envoyé Zodchiy (le bâtisseur) et trois autres combattants. Les mercenaires discutent parfois les instructions, mais il ne leur viendrait jamais à l'esprit de ne pas obéir. De mon côté, je me déplaçais avec le reste de mes hommes jusqu'à un bâtiment, dont l'arrière donnait sur les positions des insurgés. C'était un lieu pratique, une maison solide d'un étage depuis laquelle on pouvait observer, en plusieurs endroits, l'espace qui s'étendait devant la ligne occupée par Ratnik et ses tireurs. Ils étaient les seuls à se montrer utiles. Mes gars et moi n'avions pas d'armes assez puissantes. Aussi, avec leurs mitrailleuses Petcheneg et leurs fusils d'assaut, ils protégeaient les flancs, aux aguets, prêts à empêcher une attaque soudaine des lignes russes.

Soudain, l'artillerie a commencé à arroser la crête en face, détruisant l'ennemi qui se trouvait hors de portée des armes des légionnaires. À la cacophonie générale s'est ajouté le grondement du canon antiaérien des Syriens. Les troupes gouvernementales étaient parfaitement équipées pour repousser les offensives, mais leur principal problème était leur incapacité à tenir le coup et gérer la panique, même dans les confrontations les plus insignifiantes.

Je suis sorti de notre planque par le côté le plus sûr et me suis approché du QG, pour discuter de la situation avec l'un des responsables et transmettre, par son intermédiaire, ma position à Ratnik et Sergueïevitch. Chacun était à son poste. Mes gars observaient la situation à l'avant et sur les flancs, les armes des chasseurs d'assaut continuaient de tonner, empêchant le moindre mouvement du côté des insurgés. La journée tirait à sa fin, et l'ennemi fatiguait sous la pression de notre feu.

L'issue de la bataille ne faisait de doute pour personne : ayant subi des pertes et raté le moment d'attaquer, l'Armée libre, fauchée par les mercenaires, n'était plus en mesure d'avancer. Les dégâts étaient trop importants. Les alliés, reprenant du poil de la bête, avaient avancé sur la route vers les positions qu'ils avaient perdues. Ratnik a rappelé le groupe de Zodchiy de la mosquée, car les soldats d'Assad y avaient repris leurs positions.

Je me suis appuyé à une rambarde démolie près du QG et j'ai allumé une clope. Le gilet pare-balles, lourd et inconfortable, me comprimait la poitrine, des frissons furtifs me parcouraient tout le corps. La chaleur du soleil qui disparaissait derrière les collines n'était plus perceptible. Sous mon armure, mes vêtements, trempés de sueur, refroidissaient. Je regrettais amèrement d'avoir laissé ma veste chaude dans le camion, qui était reparti chercher des munitions. J'en ai craché par terre d'agacement. Au même instant, dans un sifflement hargneux, un missile antichar est passé au-dessus de ma tête.

Dès que le son de l'engin a percuté ma conscience, mes jambes se sont dérobées sous moi et j'ai plongé derrière le parapet. En entendant l'explosion, j'ai bondi sur mes pieds pour regarder le QG. Par miracle, manquant de justesse la fenêtre, le missile était passé par dessus le toit pour se loger dans la falaise derrière le bâtiment. Incroyable qu'une roquette téléguidée ait raté une cible aussi nette depuis les positions ennemies ! Tous ceux qui étaient à l'intérieur du QG sont sortis en courant et se sont dispersés sur le terre-plein. Sergueïevitch a donné l'ordre de plier bagage, nous étions trop visibles.

Un deuxième missile antichar est tombé sur nos gars qui avaient décidé d'en finir avec le tank capturé par l'ennemi. Trop confiants dans une défense bien ficelée, ils n'avaient pas pris la peine de changer de position, ni même imaginé qu'elle aurait pu être repérée par les rebelles. Assommés par l'explosion, ils ont été rapidement évacués en lieu sûr. Nous avions certes gagné aujourd'hui, mais une bête qui n'a pas été achevée peut encore mordre, c'est l'une des lois fondamentales de la guerre.

Nous n'avons pas traqué le lanceur des missiles, la journée avait été assez longue comme ça, et nous avions bien travaillé. Aucune victime de notre côté, hormis l'opérateur de l'antichar, un peu sonné. Les alliés, rassurés et enthousiastes, avaient repris leurs positions. L'armée de l'air russe allait terminer le boulot un peu plus tard, nous pouvions donc prendre tranquillement le chemin du retour, vers la base de Talla.

6
LES MAÎTRES DE LA VIE

Nous avancions lentement sur les routes en lacets bien trop étroites pour nos gros camions fatigués. Les mercenaires ne disposaient pas de matériel moderne. Il nous arrivait souvent de regarder avec envie nos compatriotes des forces armées officielles, qui roulaient en Kamaz et Tigr flambant neufs. Ou de cracher de déception en voyant passer nos alliés syriens dans des Toyota ou des GMC dernier cri. En février, ces routes montagneuses déjà peu praticables en temps normal devenaient dangereuses. Érodées par les pluies, crevassées par le poids des lourds blindés, elles menaçaient à tout moment de s'effondrer, précipitant nos véhicules dans le vide.

Tout à coup, un gros 4×4 aux vitres teintées, de fabrication américaine, a surgi sur la route, fonçant vers notre convoi, sans manifester la moindre intention de s'écarter. Il appartenait aux moukhabarat. On les reconnaissait à la marque tapageuse de la voiture, mais aussi à la détermination du chauffeur, qui conduisait comme s'il était seul en Syrie. Il n'a même pas fait semblant de chercher à laisser passer les camions, alors que, de toute évidence, le convoi ne pouvait pas – même s'il l'avait voulu – se serrer suffisamment pour permettre à la jeep noire de poursuivre son chemin.

Les mercenaires, encore échauffés par les combats, n'avaient aucune intention de céder devant les représentants des services de renseignement syriens, pour lesquels ils n'avaient que du dédain. Nous étions tous des combattants professionnels, et nous savions parfaitement à quoi devait servir le contre-espionnage dans une zone de guerre : contrôler l'exécution des ordres sur le champ de bataille, veiller au moral des troupes et des officiers, entraver le pillage et les exécutions sommaires des civils, traquer les saboteurs et les espions ennemis. Mais dans la réalité, les moukhabarat ne faisaient rien de tout cela. Au moindre danger, les soldats syriens fuyaient, leurs commandants ne faisaient pas le poids sur le plan tactique et donnaient souvent des instructions totalement ineptes. Au sein de l'armée syrienne, presque tout le monde se livrait au pillage, et les désertions étaient fréquentes. Pire, un jour, un général russe avait péri dans une embuscade tendue par les insurgés, sur une route près du front. L'affaire aurait dû entacher la réputation des services secrets et avoir des conséquences en interne. Mais rien n'avait changé, et ces gorilles repus continuaient de se comporter comme si tout leur était dû.

Nous n'avions aucune envie de nous effacer devant eux.

Le 4×4 a fini par ralentir, comprenant enfin que notre convoi n'allait pas lui faire de politesses, et s'est rangé sur le bas-côté, après avoir dû reculer sous les menaces et insultes du conducteur du camion de tête.

Je piquais du nez. La journée avait été éreintante. Mais pour profiter du confort de la cabine, il fallait accepter une règle vieille comme les véhicules militaires : le passager assis à côté du conducteur n'a pas le droit de dormir, car celui qui tient le volant a besoin d'être surveillé en permanence ; lui aussi est humain, il se fatigue et peut s'endormir. La rencontre avec les dindons du moukhabarat nous a permis d'entamer la conversation. Nous avons balancé des injures et ri de bon cœur de leur bêtise crasse, de leur manière de se croire tout permis.

Putains de maîtres de la vie ! Et combien de jeeps de ce genre sillonnent également les routes de Russie, sans prêter la moindre attention aux autres, se moquant des lois et du simple savoir-vivre ? Dans les habitacles de leurs voitures de luxe, combien sont-ils, fonctionnaires, hommes d'affaires rapaces et leur progéniture dégénérée, anciens rebelles tchétchènes imbus de leur impunité jusqu'à l'obscénité, à se pâmer de leur importance ? Chez nous, les faire redescendre sur terre et les forcer à respecter les règles de base est bien plus difficile...

Ces pensées désagréables ont chassé le sommeil, et je me suis réjoui de voir apparaître les toits de Talla. À nous le repos, avant une nouvelle journée de travail le lendemain.

7
LE FARDEAU DU COMMANDEMENT

Nichée à flanc de montagne, Salma, réduite à l'état de ville fantôme, a finalement été libérée à la fin du mois de janvier. Quelques jours plus tard, mon groupe a accompagné une unité de reconnaissance de l'armée syrienne pour inspecter le village voisin. Nous avons découvert un site très bien préparé à tenir la défense, grâce à l'ingéniosité d'un fortificateur talentueux. D'apparence frêle, les clôtures en parpaing, renforcées de l'intérieur par des barils remplis de pierres, étaient en réalité de puissantes murailles. Les niches creusées dans le béton, près des porches des maisons, permettaient aux tireurs de s'abriter tranquillement pendant les attaques d'artillerie, sans craindre pour leur vie. Une maison construite en dalles de béton armé, qui avait ployé sous une explosion, avait été transformée en bunker bien équipé, permettant de contrôler la rue principale et les ruelles adjacentes. L'inspection, prudente de notre côté, chaotique et bruyante côté syrien, a montré que les *doukhi* étaient partis sans avoir utilisé la place fortifiée comme prévu.

Pour rentrer à Salma, la montée était péniblement longue, et le fait que le chemin soit une route goudronnée et non un sentier de montagne ne rendait pas l'ascension plus facile. Chargés de munitions, nous avancions lentement, un pied devant l'autre, comme des plongeurs en scaphandres, essoufflés, et les mollets en feu. Nous ne pouvions par ailleurs ni hâter le pas ni trouver un rythme de respiration, parce que les Syriens, qui marchaient en tête, s'arrêtaient souvent pour se reposer. Et, règlement oblige, nous ne pouvions pas les dépasser car nous devions fermer la colonne en quittant les zones habitées. À mi-chemin, j'ai réalisé que mes propres gars avaient aussi besoin de pauses fréquentes, pour reprendre leur souffle et attendre les traînards. Je regrettais avec irritation d'avoir privilégié, pendant la formation sur le campus, l'entraînement tactique au détriment des exercices physiques. Ils manquaient aujourd'hui d'endurance pour se déplacer dans la montagne. À vrai dire, les mercenaires, qui se considéraient en excellente forme, pensaient que les tests physiques, cross et autres séries de pompes, étaient une lubie des supérieurs. Et puis le programme d'entraînement avant le déploiement en Syrie avait été très restreint, faute de temps. J'aurais dû les faire courir davantage, en complétant leur attirail par des sacs de sable pour arriver au poids d'un paquetage de combat ! Maintenant, le gros de la troupe se traînait dans la montée, sans respecter les distances réglementaires, et oubliant, avec la fatigue, qu'à la guerre, on ne peut se détendre que sur sa paillasse, dans ses quartiers, sous la garde des sentinelles. Baisser la garde sur la route, dans une zone qui n'a pas encore été passée au crible, à proximité d'une ville à peine libérée, était inadmissible. Je rappelais sans cesse mes hommes à l'ordre. Voilà où avait mené ma trop grande mansuétude. J'aurais dû soumettre mes combattants à un entraînement plus rude, même quand ils étaient fatigués, ils auraient été tout à fait capables de supporter un effort supplémentaire. Toute leur crânerie, leur expérience de la Tchétchénie et du Donbass, ne valait pas un kopeck s'ils lâchaient prise sous l'effet d'une forte tension physique. Je n'aurais pas dû discuter, les plaindre, les dorloter. J'aurais dû les forcer. Et pour les plus récalcitrants, leur montrer la porte.

Pour ne rien arranger, j'avais décidé de renvoyer Zolotoï (le doré) à Lattaquié pour procédure disciplinaire, ce qui me rendait encore plus maussade. Je devais me séparer d'un combattant expérimenté pour une raison triviale à pleurer. Il m'avait laissé, moi, son commandant, tout seul, sans protection, pendant que j'étais en pourparlers avec le groupe de reconnaissance syrien. Il était parti avec les autres, devant. En me retournant, et ne le trouvant pas, j'avais dû appeler Zodchiy, le commandant du groupe, pour qu'il m'aide à retrouver mon éclaireur qui avait fait preuve d'un peu trop d'indépendance. Tout en chassant de mon esprit l'idée qu'il avait peut-être cédé à l'envie de se remplir les poches – la plupart des maisons avaient été abandonnées à la hâte par leurs propriétaires fuyant les combats sans rien emporter avec eux –, je n'arrivais pas à m'expliquer son comportement. Quand Zolotoï a essayé de s'excuser, « j'avais mal compris », « je t'ai perdu de vue », je l'ai rembarré catégoriquement. « Si tu n'es pas capable de comprendre ta mission et laisses seul ton commandant, c'est que ta place n'est pas ici ».

Nouveau ralentissement devant. Cette fois, c'est un mitrailleur, que ses camarades de combat avaient mal épaulé, qui s'est assis sur le bas-côté pour souffler. Je commençais à en avoir marre. Les éclaireurs syriens, contrairement aux russes, marchaient presque les mains vides, ils auraient pu l'aider à transporter la mitraillette et les munitions. Il a fallu s'arrêter et attendre.

À l'orée de la banlieue de Salma, nous sommes enfin montés dans les camions qui nous attendaient pour nous emmener à Talla. De retour au camp, nous nous sommes réunis pour débriefer la mission de reconnaissance. Tout s'est passé comme je l'avais anticipé. Quand j'ai exprimé mes griefs à l'encontre de Zolotoï, j'ai entendu en retour des arguments en sa faveur puis sa demande de ne pas être la cible de mesures trop extrêmes. J'ai accepté, mais avec une période de probation et la menace d'un renvoi au moindre faux pas.

Il était évident que Zolotoï avait simplement craqué, l'impératif de survie ayant tendance à s'émousser avec le temps à la guerre. C'était un bon combattant dans l'action, simple et expérimenté, mais qui avait tendance à se relâcher trop vite en l'absence de danger immédiat. Il n'anticipait pas une embuscade ennemie, ou un kamikaze solitaire qui se ferait sauter ou ouvrirait le feu. Et même si, au moment des faits, nous savions qu'il ne restait plus de *doukhi* dans la ville – les barbus ne nous auraient pas laissé occuper les positions stratégiques pour le contrôle des axes principaux –, il ne fallait en aucun cas baisser la garde.

Plus tard, sur mon lit d'hôpital, je me remémorerais cette mission. Ce ne serait ni la première ni la dernière fois que j'aurais à dépenser mon énergie et mon temps pour obtenir de mes subordonnés qu'ils exécutent des ordres relativement simples et nécessaires. J'aurais pu et dû exercer mon autorité de commandant et en renvoyer un ou deux sans solde à la maison. Mais je ne l'ai jamais fait et le regretterai par la suite.

Un jour où j'avais demandé à mon équipe de creuser une fosse d'aisances, les hommes s'étaient rebiffés. Selon eux, je cherchais à les rabaisser. Qu'est-ce qu'il veut, le chef ? On peut très bien faire nos besoins dans les buissons. Mais le chef considérait que c'était trop dangereux, compte tenu de la proximité du front, de la faiblesse des positions défensives de nos alliés syriens et d'une intervention très probable de saboteurs ennemis. Il valait mieux s'accroupir pour chier dans un endroit bien visible de la sentinelle que se planquer dans la broussaille au risque de se faire trancher la gorge. « Il faut savoir punir les gens quand ils le méritent », me répétais-je sans cesse. Ce qui ne m'empêchait pas chaque fois, au dernier moment, de faire preuve d'une indulgence inutile.

Pendant mon séjour à l'hôpital, mon manque de qualification pour commander des mercenaires, alors que je devais moi-même encore prendre la mesure de la singularité de nos unités, serait criant. Il me fallait à la fois former des hommes et apprendre à survivre et à gagner, dans un environnement sans contraintes réglementaires, où la position de commandant ne repose pas sur le grade mais sur l'autorité dont il jouit auprès de ses subordonnés et sur la confiance que lui font ceux qu'il mène au combat. Contrairement à l'armée, avec sa hiérarchie rigide où les chefs disent aux subordonnés « ta gueule, c'est moi qui décide, tu n'es qu'une merde », dans le mercenariat le rôle de commandant échoit au mieux taillé pour le job. Avec aussi une forme de démocratie militaire, des prises de décision collectives, que ce soit pour les exercices ou les choses à perfectionner.

Mon devoir était d'expliquer à mes troupes que les tactiques pouvaient changer en fonction du perfectionnement des armes, mais que les règles de survie à la guerre restaient immuables.

Et si un mercenaire trouvait humiliant d'appliquer des règles élémentaires de prudence, mieux valait qu'il quitte tout de suite le groupe, plutôt que de mettre ses camarades en danger sur le champ de bataille, où la moindre négligence de l'un peut affecter tout le monde. Il est possible d'épuiser les combattants à outrance pendant les entraînements, mais cela est vain si le respect des petites choses, dont l'oubli peut anéantir les efforts de chacun, ne leur est pas inculqué.

Beaucoup ne s'élèveront jamais au-dessus de leur mentalité de départ – voyez-vous, les « vrais hommes » ne doivent pas s'abaisser à creuser des latrines, ils sont venus ici pour se battre, pas pour farfouiller la terre. Ils ne savent pas que l'arrogance et la fierté sont des signes de stupidité qui n'ont rien à voir avec le professionnalisme militaire. Ceux-là ne devraient pas devenir mercenaires.

J'ai souvent été confronté à un autre aspect de la mentalité des soldats de fortune – un excès de confiance en soi. Des vétérans de guerre apparemment expérimentés rejettent des consignes simples, mais vitales, sous prétexte qu'elles ne sont pas applicables sur le champ de bataille. Ils agissent de manière erratique, au gré de la situation, oubliant leurs acquis. Le respect des règles exige volonté et maîtrise de soi, et tout le monde n'est pas capable de reconnaître que ces qualités lui font défaut. Dans les faits, toute l'expérience militaire de ces foudres de guerre se résumait souvent à la chance qui les sortait vivants de situations graves dans lesquelles ils s'étaient fourrés par bêtise. Et le pire, c'est qu'ils n'en tiraient jamais aucune leçon.

Avais-je raison de faire des compromis de temps à autre, plutôt que d'être sévère, systématiquement ? Chaque fois que je me suis posé la question, j'en suis arrivé à la même conclusion : toute situation exige une approche particulière et on ne peut juger tous les délits de la même manière.

8

JOUR DE RELÂCHE

Le ciel était tendu de nuages et la pluie tombait, sans interruption. Tantôt torrentielle tantôt vaporeuse, masse grise suspendue dans les airs. Le village, niché sur les hauteurs, au sommet du versant occidental de la gorge, était plongé dans une humidité maussade. Les maisons et les arbres, avec leurs contours brouillés par la brume et la pluie, donnaient le cafard. Dans ces contrées, les fortes précipitations ont toujours compliqué les combats. Les pentes devenaient glissantes et presque impraticables, tandis que les épais nuages, s'affaissant sur les crêtes, réduisaient la visibilité. Les rafales de vent déstabilisaient les drones de surveillance, dont les batteries se vidaient rapidement. Du reste, ce n'étaient pas tant les outils de renseignement modernes qui souffraient des conditions météorologiques que les déplacements et les manœuvres des groupes de combat.

Depuis deux jours déjà nous étions désœuvrés, sans aucune consigne. L'essentiel de cette pause inopinée entre les combats était consacré au repos. Nous reprenions des forces. Entre deux siestes, les gars bricolaient, vérifiaient le matériel et les drones, entretenaient et lubrifiaient les armes, triaient les munitions, se séchant près des poêles installés dans les chambres.

Pendant la réunion du matin, Ratnik n'avait pas donné d'instruction particulière, nous rappelant seulement de rester vigilants. J'errais de chambre en chambre, passant une tête chez les snipers qui, bien reposés, discutaient à bâtons rompus, de tout et de rien. Plus loin dans le couloir, dans la salle de communication, j'ai demandé à Muzykant (le musicien) s'il se disait quoi que ce soit d'intéressant sur les ondes. Mais rien, seulement des échanges d'informations routiniers. Sur la véranda, je suis tombé sur Tan, qui tripotait le brûleur, s'apprêtant à préparer un café dont il avait le secret.

Nous nous connaissions depuis longtemps avec Tan, depuis notre première mission en Syrie, en 2015. C'est là que notre amitié était née. Suffisamment mûr, en âge et en expérience, Tan m'était plus sympathique que les jeunes mercenaires sans le moindre cheveu blanc ni la plus infime douleur dans le bas du dos qui, débordant de gnaque et d'intrépidité, n'avaient pas encore eu le temps de souffrir. Mais nous n'étions devenus véritablement amis qu'après la mésaventure avec Volk, notre commandant serbe.

Totalement ignare en matière militaire, tête brûlée, Volk était de ceux qui se la racontent.

Diplômé de l'école de police, il n'avait qu'une vague idée des tactiques militaires mais ne perdait jamais l'occasion de se faire mousser, se présentant comme un guerrier chevronné, donnant des leçons à tout le monde sans aucun scrupule. Il tenait tous ses compatriotes sous sa coupe, les ayant convaincus que seuls son autorité et son pouvoir leur permettraient de ne pas périr en terre étrangère. Les mercenaires serbes étaient pour la plupart eux aussi d'anciens flics, et leurs actions laissaient souvent perplexes les soldats professionnels. Ce n'étaient pas des mauvais bougres, en général, et ils n'avaient pas froid aux yeux, mais sous l'influence de Volk, ils étaient passés maître dans l'art d'esquiver les obligations liées aux missions. Pendant la courte période de son commandement, Volk, qui avait décidé de diviser pour régner, avait créé des tensions entre les Serbes et les autres combattants du peloton. Dans un combat sérieux, ce genre de mésententes au sein d'une unité pouvaient mener à la catastrophe.

En arrivant en Syrie, après quelques hésitations mais n'y tenant plus, j'avais réclamé à Beethoven de régler le problème avec son commandant de peloton. M'appuyant sur des exemples concrets, j'avais décrit la nullité de Volk en tant que chef, et lui avais proposé d'entendre les témoignages d'autres combattants russes. Beethoven avait joué le jeu et, rassemblant les gars, avait écouté leur opinion. Ils étaient unanimes : plus personne ne supportait

Volk, et tous craignaient de se faire massacrer sous son commandement. Beethoven leur avait alors demandé qui, selon eux, pouvait prendre la tête du peloton, qui ils étaient prêts à suivre. Presque tous les regards s'étaient alors tournés vers moi. C'est ainsi que je suis devenu commandant d'unité, pendant cette mission.

De retour en Russie, au centre d'entraînement, Volk avait fait son rapport, qualifiant tout ce qui s'était passé de sabotage, ce qui aurait pu conduire au licenciement de ses anciens subordonnés. Avec un art consommé de l'intrigue, il n'avait dénoncé qu'une partie du groupe, excluant de sa liste de conspirateurs certains gars, comme Tan, dans l'espoir de nous brouiller. Mauvais calcul. Pendant le rassemblement, Tan n'avait pas rejoint les rangs du peloton des Serbes, mais avait clopiné vers le groupe des « mutins » aux côtés desquels il avait fait toute la mission.

J'avais été très surpris de l'attitude des officiers d'état-major. Ils n'avaient même pas cherché à creuser l'affaire pour tenter de comprendre les origines du conflit. Ayant reçu le rapport de Volk, ils lui avaient promis les lettres de licenciement demandées. Tous les « mutins » étaient menacés de renvoi à la vie civile. Il avait fallu que Beethoven intervienne personnellement pour remettre les choses à leur place. Les courriers étaient restés sans signature, le peloton avait été dissous, et l'ordre donné de ne pas inquiéter les gars qui avaient fait leur travail honnêtement.

Cet incident m'avait enseigné une leçon : si le commandant n'est pas disposé à entraîner méthodiquement et systématiquement ses hommes, ils finissent par se transformer en une masse amorphe et paresseuse. Dans les groupes qui ne sont pas constamment engagés dans un travail militaire qui a du sens, les intrigues et les ragots prospèrent. Sur le champ de bataille, une telle unité perd instantanément sa cohérence et devient incontrôlable.

Tan était content de me voir, on allait pouvoir bavarder autour d'une tasse de café, préparé selon sa recette, parfumé, avec un petit goût de gingembre. Nous parlions tranquillement des derniers événements, de notre première incursion en Syrie. À l'époque, nous avions été agréablement surpris par la joie sincère qu'avait provoquée l'arrivée des Russes chez les Syriens, des fonctionnaires qui nous avaient accueillis à l'aéroport jusqu'aux citoyens ordinaires. Après quatre ans de guerre civile continue, les gens étaient fatigués de vivre dans la peur pour leur avenir, et ne comptaient plus vraiment ni sur leur armée exsangue ni sur leurs alliés des États voisins. L'entrée en guerre de la Russie avait été reçue avec un enthousiasme authentique. Au premier abord, on ne voyait nulle part les signes des luttes intestines qui déchiraient le pays. Les étals croulaient sous les marchandises, le commerce était très animé partout, pas le moindre indice d'une pénurie de nourriture ou de produits de première nécessité. Des foules joyeuses et oisives, qui semblaient ne manquer de rien, parcouraient les rues des villes. Parmi elles, beaucoup de jeunes. Le soir, les cafés et les restaurants se remplissaient. C'est seulement à travers les récits de ceux qui revenaient du front qu'on s'apercevait que la guerre se passait tout près, que des échanges de tirs s'y produisaient chaque jour et que des gens y mouraient.

Lors de cette première mission, il avait été prévu que les mercenaires soient déployés à Idlib, mais finalement nous n'avions participé à aucun combat. Pourtant, tout était prêt, nous étions en première ligne, nous préparant aux batailles à venir, surveillant l'ennemi, mais tout avait été bousculé par un événement tragique. Ce fut mon premier contact avec la mort, dans sa forme la plus violente.

Nous nous tenions, Tan et moi, à une dizaine de mètres d'une tente lorsque s'est abattu un missile envoyé par les *doukhi*. La roquette était tombée sans prévenir, il n'y avait eu que le bruit de l'explosion à l'intérieur de la tente. En y entrant, je suis resté tétanisé devant la vision d'horreur. Tissus déchiquetés, débris de lits éparpillés, combattants blessés ou morts, des plaies béantes. Des corps mutilés, éviscérés, qui respiraient et palpitaient encore se mêlaient aux cadavres défigurés de ceux qui ne s'étaient même pas réveillés. L'image de cette dépouille coupée en deux par un éclat d'obus, et de cet autre, la cervelle à vif, et de tous ces membres arrachés, s'est à jamais gravée dans ma mémoire. Les blessés appelaient désespérément à l'aide. Ayant sorti le premier d'entre eux, je suis retourné précipitamment dans la tente. Complètement sonné par tout ce que je voyais, j'agissais de façon désordonnée. J'en oubliais complètement les instructions des médecins militaires – d'abord arrêter les saignements et faire des pansements à ceux qui restent silencieux. Rapidement, d'autres mercenaires sont arrivés pour sauver ceux qui pouvaient encore l'être. Mais où était Tan ? Me retournant, je l'ai trouvé en train de se faire un garrot à la jambe, un peu au-dessus d'une blessure sanguinolente. Il avait reçu un éclat d'obus. De tous ceux qui s'étaient trouvés près du lieu de l'explosion, j'étais le seul à m'en sortir totalement indemne. J'ai aidé Tan à s'éloigner des tentes et pansé sa jambe.

Perdre autant d'hommes d'un coup allait visiblement déstabiliser non seulement les dirigeants de la Compagnie, mais également ceux du contingent officiel russe. Personne ne savait comment réagir, ni quoi faire des morts. Après de brèves hésitations, il serait décidé de mettre un terme à la participation des mercenaires à la guerre et de les rapatrier sans tarder...

Peu à peu, d'autres éclaireurs nous ont rejoints, et notre petit conciliabule intime s'est transformé en grand raout, où chacun faisait son numéro. Ce rassemblement spontané a duré le reste de la journée, les échanges de blagues et de vannes laissant place à des conversations plus posées sur les questions militaires. Puis la nuit est arrivée. Comme toujours ici, le crépuscule était fugace. Les discussions se sont taries d'elles-mêmes. Chacun s'est plongé dans ses pensées, ses souvenirs, tendus au loin, vers le nord, là où s'étendait un immense pays, avec ses éternels problèmes, mais qui était quand même notre patrie. Là-bas se trouvaient nos amis, nos parents, nos femmes et nos enfants. Des levers et des couchers de soleil, l'infinie taïga, le lac Baïkal, les plaines de la Russie centrale et les forêts de l'Oural, le miel de Bachkirie, la vodka, et tant d'autres choses auxquelles on pensait avec nostalgie.

Demain, nous aurons sûrement du travail. Mais personne n'a envie de songer au lendemain. On est bien aujourd'hui. Tous ensemble, vivants, débordant d'énergie. Bientôt, trois d'entre nous ne seront plus, et plus de la moitié terminera la mission à l'hôpital. Mais pour l'instant, il pleut, il fait gris et humide. Aujourd'hui, c'est jour de relâche.

9

LES FAUCONS « SANS PEUR »

Ratnik nous a convoqués à la réunion du soir quand le jour déclinait déjà. J'avançais à tâtons, trébuchant dans le noir sur toutes sortes de débris, jusqu'à atteindre la voie goudronnée qui menait au QG. Il se trouvait sur le flanc d'une longue crête rocheuse, dont l'autre versant abritait, à moins d'un kilomètre, les avant-postes ennemis. Personne n'avait réussi, pendant le court laps de temps que nous avions passé dans la région, à déterminer contre qui il faudrait se battre cette fois : les alliés nous faisaient parvenir des informations contradictoires. Après le déjeuner, et avant la tombée de la nuit, nous nous étions déplacés vers notre nouvelle position, à deux pas de là : il s'agissait juste de franchir un col par une route sinueuse pour atteindre l'autoroute d'Alep. Serpentant entre les portions de bitume défoncées par la guerre, notre colonne avait traversé un pont au-dessus d'un ruisseau à sec et s'était engagée sur une petite route conduisant à une agglomération dont les maisons étaient éparpillées sur les flancs de plusieurs collines. Les chemins tortueux qui les reliaient descendaient tous jusqu'à la rue centrale, à la chaussée asphaltée. Là, de part et d'autre, se trouvait le cœur vivant du bourg – échoppes et petites entreprises. Les civils avaient tous fui, on ne croisait plus que des gens armés en uniforme militaire. Les commerces avaient été désertés, mais seule une partie du village avait été touchée par les combats. Il s'en tirait à peu de frais par rapport à d'autres petites villes sur la ligne de front. Les cours étaient encombrées de ce qui avait jadis empli les foyers, des objets, hier encore indispensables mais que la guerre avait rendus hors d'usage.

Cette fois, nous allions combattre aux côtés d'une division des Faucons du désert, la société militaire privée syrienne. Pour une raison connue de lui seul, le commandant de leur détachement avait décidé que le moment était propice pour une offensive. Il avait prévenu le général de l'armée russe, accompagnant ses déclarations d'un présent – un keffieh tissé en pur coton, très coûteux. Le général russe, ravi de voir le Syrien enfin disposé à mener des actions militaires dignes de ce nom, lui avait promis un puissant soutien d'artillerie et des détachements d'assaut de mercenaires russes.

Notre mission nous avait été annoncée littéralement au saut du véhicule. Les fédéraux[1] avaient

---

1. L'armée russe

peu d'égards pour les soldats de fortune, auxquels ils distribuaient leurs ordres sans respecter les usages. Mon détachement était mieux loti que d'autres : en une heure à peine, nous avions déchargé et entreposé tout notre inventaire et nos munitions, puis mis notre véhicule à l'abri. Nous avions pu ensuite nous préparer tranquillement au combat à venir.

La tâche avait été nettement plus compliquée pour Ratnik et Brity (le rasé). Ils devaient simultanément gérer le déchargement, le déploiement sur la ligne de front, l'organisation des tours de garde, sans oublier de recenser armes et munitions et noter leur calibre. Et dans le même temps, il leur fallait résoudre les problèmes liés à l'installation et à la vie quotidienne d'un si large détachement. Pour tenir les délais imposés par les fédéraux, ils ont sué sang et eau, et hurlé à s'en briser la voix. Mais, à la fin de la journée, les mortiers de Brity avaient lancé leur première salve sur les objectifs donnés par les postes d'observation de Ratnik, et les mortiers de petit calibre des troupes d'assaut étaient passés à l'action.

La nuit était tombée d'un coup, noire et impénétrable. Sur fond de ciel d'encre, on ne distinguait que les contours des montagnes et les silhouettes floues des constructions. Dans une zone de combat, si les deux parties possèdent des systèmes de lance-missiles, le camouflage des lumières est essentiel, mais seuls les Russes s'y employaient. Pour les Syriens, c'était un concept relatif dont ils se préoccupaient tant que leur confort n'en était pas affecté, si bien que leurs fenêtres, éclairées par des batteries et des générateurs, étaient parfaitement visibles ; et sur les routes, de temps à autre, passaient des véhicules éclairant le chemin avec leurs phares.

Les Faucons voulaient attaquer à l'aube, juste après un pilonnage à l'artillerie. Étrangement, ils n'avaient pas insisté cette fois pour que des mercenaires russes soient présents en première ligne. Un soutien systématique par des tirs de mortier précis et une couverture fiable sur les flancs leur suffiraient. Ratnik m'a donc donné l'ordre de dépêcher aux avant-postes un petit groupe d'éclaireurs en reconnaissance. J'ai envoyé Zodchiy et une partie de son détachement à l'avant, pour qu'ils prennent position dans la formation des alliés, et demandé aux autres de s'installer dans l'une des maisons abandonnées pour attendre les nouveaux ordres.

Je me suis approché de la maison occupée par Ratnik, ai écarté l'épais rideau, et suis entré. Au milieu de la pièce, sur une table éclairée par une loupiote, une carte était dépliée. Brity était déjà là. Ratnik, saluant brièvement tout le monde, a parlé des plans du commandement, dont il ressortait que personne n'était sûr à cent pour cent que les Faucons attaqueraient, ou s'il s'agissait encore d'un coup de bluff. En une demi-heure, les questions courantes étaient réglées. Tout ce qui concernait l'offensive avait déjà été décidé pendant la journée. La discussion, qui avait tout naturellement bifurqué vers des sujets secondaires, a été interrompue par une puissante explosion, un obus de petit calibre à en juger par le bruit, mais à moins d'un kilomètre du QG. Sans dissimuler son agitation, Baïkal nous a annoncé par talkie-walkie, qu'il avait remarqué deux positions de *doukhi* qui avaient tiré, apparemment au mortier. La chute de l'un des obus avait provoqué une puissante explosion des réserves de poudre, entreposées sur les positions des artilleurs, provoquant un incendie aveuglant au milieu de la nuit. Brity, tout en donnant des ordres en style télégraphique dans le talkie, a couru jusqu'à sa batterie. Baïkal, intervenant sur les ondes, signala des éclairs de tirs à partir des positions ennemies. Ratnik exigea immédiatement :

— Liquide-les par tes propres moyens.

— Oui, commandant, on les a dans le viseur. Ça va être plié.

Une autre détonation a retenti, quelque part en contrebas, au-delà de la route. Cette fois, la cible avait été manquée de loin. Quelques minutes plus tard, Brity rapportait à Ratnik que le missile n'avait brûlé que des briquettes de poudre, et que l'incendie qui s'était déclaré ne pouvait pas atteindre notre stock d'obus. Les artilleurs ont rapidement retrouvé leurs esprits, mais ne pouvaient pas encore tirer. Il leur fallait d'abord absolument changer de position, car, à la lueur de l'incendie, les *doukhi* avaient forcément repéré qu'ils avaient atteint leur cible.

Pendant ce temps, Baïkal a dû engager un duel avec l'ennemi avec ses deux canons de mortier d'assaut. Au bout de quelques minutes, les premiers 82 mm volaient depuis nos positions. Au crépitement du feu de la poudre enflammée s'est ajouté le bruit de munitions qui, traînant à proximité, éclataient sous la chaleur.

Tout à coup, une nouvelle explosion a soulevé un nuage de poussière derrière les positions de Brity, tout près de la maison où s'étaient installés mes éclaireurs. J'ai appelé mes hommes par talkie, mais n'ai reçu aucune réponse. Inquiet, je me suis dirigé vers l'endroit où le groupe devait se trouver. J'y suis arrivé presque en courant pour découvrir mes gars en train de s'activer en direction d'un talus près de la route, à l'abri des obus. L'explosion avait fait des dégâts, mais heureusement, personne n'avait été tué. Ceux qui étaient indemnes ont transporté les blessés et leur ont donné les premiers soins, revenant de temps en temps dans la maison pour y chercher des affaires ou des couvertures. J'ai vérifié l'état des blessés, il y avait un cas sérieux : Chaïtan avait le crâne fracturé, et sa vie dépendrait désormais de la rapidité de son transfert à l'hôpital. J'ai demandé aussitôt au conducteur du Kamaz d'approcher le camion au maximum, tout en rembarrant Taïga, qui geignait de manière tout à fait déplacée. Selon lui, la décision de rester à cet endroit avait été déraisonnable, et si nous étions partis avant la tombée de la nuit, personne n'aurait été touché… Le lourd Kamaz est arrivé en marche arrière, les blessés ont été rapidement chargés dans la benne, sur des matelas et des couvertures, et bientôt acheminés vers la base. Reprenant mon souffle, je me suis dirigé vers la maison. Un obus était venu se loger sur un coin, trouant le mur au-dessus de la porte d'entrée ; des éclats d'enduit et des morceaux de maçonnerie s'étaient détachés, détruisant l'entrée et la pièce la plus proche, désormais pleine de meubles brisés, de fragments de verre et de pierre. Ma paillasse avait été écrasée par un gros pan de mur et la gourde que j'avais laissée sur la table avant de sortir était tombée par terre, trouée. Sans la réunion, j'aurais été à ce moment, dans le meilleur des cas, dans le Kamaz avec les blessés. C'est vrai que l'endroit avait été mal choisi, à la hâte, il fallait l'admettre. Rien à faire, il faudrait prendre la responsabilité de cette erreur. Mais les combattants de mon détachement n'étaient pas non plus au-dessus de tout reproche : quand l'obus avait atterri sur l'engin de Brity, ils n'étaient pas allés se mettre à l'abri, mais étaient restés sur le seuil, à contempler l'incendie. Ah, les gars, ce n'est pourtant pas votre première fois ! Il serait temps d'apprendre à réfléchir quand vous êtes à la guerre… Retournant dans la rue, j'ai donné l'ordre de transférer l'armement dans l'espace entre un mur et la falaise qui tombait là à la verticale, afin que les mercenaires puissent prendre leurs quartiers dans un endroit protégé.

Bientôt, Baïkal, qui s'était engagé dans un duel avec les artilleurs des *doukhi*, a fini par toucher l'une des escouades de mortiers mobiles, avec le véhicule qui le transportait. Je l'ai appris en entendant les commandants échanger sur talkie :

— Ratnik, Ratnik, c'est Baïkal.

— Parle, frangin.

— Finalement, on en a eu un, je vois la fumée, a annoncé Baïkal d'une voix joyeuse.

— Bravo les gars ! Continuez à mettre la pression sur ces suceurs de bite !

Il a fallu plus de deux heures à Brity pour se déployer sur un nouvel emplacement, mais avant l'aube sa batterie s'était remise au travail, soutenant de ses rafales les mortiers de Baïkal. C'est au lever du soleil qu'a commencé vraiment le pilonnage : les canons de gros calibre et les systèmes de roquettes des fédéraux sont entrés dans la danse. Les Faucons sont passés à l'offensive. Mais leur ardeur guerrière a été de courte durée, disons même qu'elle s'est tarie aussitôt et que l'attaque a échoué avant même d'avoir commencé. Zodchiy me raconterait tout en détail pendant notre retour à la base.

Il avait amené son groupe à l'endroit prévu un peu avant l'heure dite, et ses gars avaient pu vérifier une dernière fois leur matériel. Bientôt, le commandant des Faucons et son interprète arrivaient dans deux pick-up. Ils n'avaient qu'un quart d'heure de retard, ce qui veut dire, compte tenu de l'habitude des Syriens de ne pas respecter les horaires, qu'ils avaient fait preuve d'une extrême ponctualité. Ils avaient tous passé la nuit sur une hauteur qui aboutissait à la ligne de front. Les positions des *doukhi* étaient bien visibles et, à travers les dispositifs d'observation, on distinguait bien chaque mouvement des petits groupes ou des tireurs isolés, entre les constructions.

Les tirs nocturnes de l'ennemi avaient été perçus par le groupe de Zodchiy comme une tentative d'attaque, couvert par l'obscurité. Les *doukhi* étaient familiers du terrain et pouvaient, en empruntant des chemins connus d'eux seuls, contourner nos compagnons d'armes par l'arrière pour lancer une offensive surprise. Les éclaireurs, se trouvant confinés sur un monticule exigu avec un petit groupe de Faucons dont les capacités au combat étaient plus que douteuses, ne pouvaient être qu'anxieux. Grâce aux communications radio entre Ratnik et moi, ils savaient qu'une mine avait touché la maison où était le reste du groupe et qu'il y avait des blessés ; ils avaient compris qu'il n'y avait plus personne pour leur venir en renfort. Ratnik avait promis que la situation était sous contrôle, ce qui avait rassuré les combattants du poste d'observation avancé. Il disait vrai : de sa position, la petite hauteur où se trouvaient les éclaireurs était bien visible, et la distance qui nous séparait d'eux permettrait, si nécessaire, de couvrir leur retraite.

Dès que l'obscurité avait été déchirée, juste avant l'aube, par la lumière éblouissante des explosions au niveau des retranchements ennemis, les éclaireurs avaient étiré leurs membres engourdis par le froid pour passer à l'action. Les Faucons, eux, n'avaient pas bougé. N'imaginant tout simplement pas attaquer quand les obus hurlaient au-dessus de leur tête, ils ne s'étaient décidés à avancer qu'après la fin des bombardements. L'obscurité s'était tout à fait dissipée. Alors qu'il restait moins de 500 mètres à parcourir, une puissante explosion avait couvert de poussière et de fumée l'un des groupes des Faucons. Elle avait été aussitôt suivie par des tirs nourris. Pris de panique, les Syriens avaient pris la fuite, non pas vers leurs positions de départ, mais vers l'arrière, abandonnant toute velléité de gagner du terrain. Quand Zodchiy a rapporté à Ratnik que les Syriens terrorisés avaient abandonné le champ de bataille, Ratnik a donné l'ordre aux éclaireurs de reculer tandis qu'il les couvrirait avec son mortier.

Ayant reçu l'ordre d'évacuer le groupe de Zodchiy, j'ai appelé le pick-up des éclaireurs, pour qu'il vienne me chercher. Je me suis glissé sur le siège à côté du conducteur. Il ne nous a pas fallu plus de cinq minutes pour arriver sur les lieux. C'était le point même où la route locale débouchait sur l'autoroute vers Alep. Les Faucons, qui s'étaient enfuis par petits groupes, étaient maintenant couchés par terre sous la large voûte du pont routier. C'est là que s'étaient regroupés aussi les commandants syriens qui discutaient entre eux. Leurs visages nets et rasés et leurs tenues impeccables ont confirmé mes soupçons : les soldats partaient à l'attaque sans leurs chefs. Livrés à eux-mêmes, ils suivaient toujours le même scénario : si ça passe, on pousse jusqu'aux lignes ennemies, sinon, on bat en retraite vers l'arrière. Les moins chanceux y restent.

Au bout d'un moment, l'un des commandants syriens, un dandy, les cheveux coupés au cordeau, a remarqué ma présence et m'a abordé d'un ton indigné et surfait, par l'intermédiaire d'un interprète, pour m'expliquer que les Russes avaient fui, laissant en plan ses hommes qui, eux, avaient sous un feu nourri attaqué vigoureusement les positions ennemies, avant d'être finalement contraints à battre en retraite.

Je ne savais pas encore exactement comment la bataille s'était réellement déroulée mais, jugeant inutile de conserver un ton diplomatique, j'ai, sans mâcher mes mots, porté à l'attention du commandant des Faucons que les soldats syriens étaient déjà presque tous là, alors que mon groupe d'éclaireurs se trouvait encore en route. Le Syrien coquet comprenant qu'il avait parlé trop vite a tourné les talons. Ses plaintes ne m'étonnaient pas, c'était toujours pareil chez eux : « Un coup les chiens aboient, un coup les ruines parlent[1]. » En me retournant, j'ai vu mes gars surgir de derrière les rochers : ils étaient tous sains et saufs, et pour moi, c'était le principal. Pendant qu'ils empilaient leur matériel dans les pick-up, j'ai demandé à Zodchiy de me raconter en deux mots ce qui s'était passé. « Les Syriens ont commencé à avancer en masse vers les *doukhi*, et là, je ne sais pas ce qui s'est passé, un obus est tombé, ou une mine a explosé. Les *doukhi* se sont ressaisis après notre pilonnage et ont ouvert le feu, enfin, pas trop fort non plus, mais suffisamment pour que nos Syriens rebroussent chemin. Alors Ratnik a donné le feu vert pour qu'on se replie. » Tout ceci se passe de commentaires.

Je me suis retourné vers le dandy pour lui dire ce que je pensais de tout ça, mais n'ai pas trouvé l'interprète, qui pourtant était encore là quelques secondes auparavant. Plus tard, pendant la réunion avec les Russes, le commandant des Faucons essaiera, par l'intermédiaire de ce même interprète, de remettre sur le tapis sa version des événements – le combat a été perdu en raison du retrait prématuré des mercenaires –, espérant qu'en l'absence de participants directs, il n'y aurait personne pour réfuter ses paroles. Il n'avait pas remarqué la présence de Ratnik qui, contrairement aux Syriens, non seulement mène lui-même ses hommes au combat, mais

---

[1]. Vers d'une chanson de Vladimir Vyssotski, qui signifie : « à l'asile de fous, il n'y a jamais rien qui va. »

s'implique vraiment de tout son cœur dans les opérations et prend personnellement les injures faites à ses hommes. Chez les commandants arabes, ça ne se passe pas comme ça. Dans ce genre de situations, ils n'ont aucun scrupule à rejeter la faute sur leurs subordonnés, et s'en tirent généralement à bon compte.

Le plus étonnant, c'est que parfois les commandants syriens parvenaient à attirer dans leur jeu les fédéraux : eux aussi devaient rendre compte de victoires à leurs supérieurs. Un jour, j'ai assisté à une scène du même genre. Après une attaque infructueuse, alors que les Syriens n'avaient pas du tout pris part aux combats, un général russe, sans se préoccuper des témoins, avait dicté à l'officier de l'état-major un rapport qu'on peut qualifier de chef-d'œuvre de mystification : « Appliquant le plan général, en approchant de la ligne d'attaque, nous avons rencontré une résistance féroce de l'ennemi et, pour éviter les pertes, nous avons dû arrêter l'avancée et renforcer la position que nous avions atteinte. » Le rapport était monté chez les supérieurs, produisant l'impression que les soldats syriens avaient accompli des merveilles de bravoure, que leurs commandants ne s'étaient pas dérobés devant le danger, tandis que le général russe, lui, par ses sages décisions, méritait les plus hautes louanges.

C'est ainsi qu'une nouvelle fois, une bataille avec la participation des alliés s'était soldée par une défaite minable. Les Syriens avaient démontré leur lâcheté, tandis que les mercenaires avaient souffert pour rien. De toute manière, nous, les soldats de fortune, n'allions même pas apparaître dans les comptes rendus officiels. Nous étions les fantômes, les spectres de cette guerre. Et même si ici, en terre syrienne, nous accomplissions un travail important et utile pour la Russie, là-bas, chez nous, personne ne devait rien savoir.

10

PRIS ENTRE DEUX FEUX

Tamok était couché sur le dos. Tentant d'arrêter le sang qui jaillissait de ses artères déchirées, Manouk, un paramédical de la légion, s'affairait autour de lui. Tout le monde essayait d'aider : l'un tenait au-dessus du blessé un sachet de sérum physiologique, l'autre tendait à Manouk les instruments dont il avait besoin, d'autres encore préparaient le brancard pliable.

Le regard de Tamok, brouillé par l'analgésique, exprimait la douleur et l'incompréhension. Comment était-ce possible ? Quelques instants plus tôt il bougeait encore, plein d'énergie vitale, il sillonnait la colline, participait au combat, en lâchant de courtes rafales avec sa kalach ou en aidant les blessés qui redescendaient, les débarrassant de leur arme et les aidant à marcher... Et maintenant il gisait à terre, avec seulement un bout d'os sortant de la hanche à la place de sa jambe gauche...

Je connaissais la zone, pour l'avoir parcourue, en long et en large, avec mes gars, lors de ma première mission en 2015, en tant que chef de groupe. À l'époque, du reste, notre assistance n'avait pas beaucoup avancé l'armée syrienne : en une année, elle n'avait pu obtenir aucune victoire. À présent, nous devions nous battre aux côtés des Faucons du désert, ce qui n'enchantait personne. Le même objectif avait été fixé aux deux sociétés militaires, la russe et la syrienne : déloger l'ennemi de ses positions défensives en haut des montagnes, et le repousser plus loin, vers la frontière turque. L'armée russe devait jouer un rôle auxiliaire, consistant à accompagner les Faucons dans l'offensive et, le cas échéant, à leur fournir un appui par le feu.

Les Syriens se préparaient à l'opération, qui devait commencer tôt le matin, avec leur désorganisation habituelle : aucun camouflage des lumières, cris, bruits de motos, mouvements chaotiques de groupes disséminés. Dès que le ciel, à l'est, s'est teinté de gris, les rangs de *sadyk*, et avec eux les mercenaires russes, ont commencé à avancer vers les hauteurs occupées par l'ennemi.

Mais en approchant de la ligne défensive, nous nous sommes soudain rendu compte que la plus grande partie des Faucons, qui devaient former la troupe d'assaut, n'était plus devant nous. Ceux qui se trouvaient encore là ont déguerpi aux premiers coups de feu, nous laissant seuls face à l'ennemi. Si, à la place des Russes, à ce moment-là, il y avait eu des mercenaires américains ou européens, ils se seraient sûrement repliés sur leurs positions de départ. Mais, devant l'ennemi, sur cette hauteur, il y avait des Russes : pour nous, il n'y a pas de limites, nous ne reculons jamais devant une bonne bagarre. De toute façon, il était trop tard pour faire marche arrière et, sans réfléchir, nous sommes passés à l'attaque. Grimpant par petits bonds, nous avons bientôt atteint la première ligne des tranchées. Les arrosant de grenades, nous avons pris comme objectif la ligne de défense suivante. Les *doukhi*, incapables de résister, se sont empressés de quitter leurs positions. Courant vers l'arrière, ils présentaient leur dos aux mercenaires, et tombaient comme des mouches.

Au moment où l'assaut avait débuté, mon groupe se trouvait au pied du plateau. J'ai pris position derrière un mur de pierre, à côté du sniper, et observé attentivement les pentes à travers mes jumelles, essayant de voir comment mes éclaireurs opéraient. À côté de moi, Chunt (câble de pontage) tirait méthodiquement avec son Korde[1] à longue portée sur les silhouettes noires qui dévalaient la colline, les empêchant d'atteindre la prochaine crête de montagnes.

Les informations qui nous parvenaient d'Inostranets (l'étranger) et de Zodchiy donnaient l'espoir que l'assaut serait bientôt terminé.

---

1. Fusil de précision capable de toucher des cibles jusqu'à 7 km

La bataille semblait toucher à sa fin. Mais tout d'un coup, tout est parti en vrille. Inostranets, criant à s'en casser la voix, a signalé l'explosion d'un missile antichar tiré par les Syriens, juste sous le nez des mercenaires qui attaquaient. Mais ce n'était pas tout : les Faucons restés derrière s'étaient réfugiés au pied du plateau, planqués derrière les rochers, et avaient installé leurs mitrailleuses devant, pour tirer à l'aveugle dans la direction de l'ennemi, c'est-à-dire vers les retranchements où les mercenaires russes étaient déjà positionnés. Résultat : ces derniers se retrouvaient au milieu de tirs croisés, devant eux les *doukhi*, et derrière les Syriens. Sur le talkie, une voix tremblante annonçait les premiers blessés.

Ratnik, hurlant et jurant, exigeait via l'interprète que les Syriens cessent le feu, et que leurs commandants envoient enfin au combat les soldats planqués au pied du plateau. Mais c'était peine perdue : les Syriens n'attaquaient pas et quelques débiles tiraient toujours sur la crête, obligeant les mercenaires à se plaquer au sol et les privant de toute liberté de manœuvre. Le chef du peloton des mercenaires et l'interprète couraient d'une position à l'autre, d'un commandant à l'autre, en vain. Comme ils nous le raconteraient eux-mêmes par la suite : « De toute façon, il y avait toujours une pute qui tirait des obus de mortier ou des missiles antichar sur la crête. Quant à secouer leurs hommes et les obliger à avancer, les commandants syriens ne faisaient qu'écarter les bras en signe d'impuissance et se mettaient à débiter des explications si longues et embrouillées que même l'interprète ne les comprenait plus. »

Pendant ce temps, sur la gauche en descendant la montagne, sont apparus des *doukhi* qui se préparaient à attaquer les mercenaires par le flanc. Chunt les a pris aussitôt pour cible. Mais à peine a-t-il eu le temps de tirer quelques coups de feu que, dans un bruit sourd, une balle de sniper est passée tout près de lui. Chunt s'est écarté des rochers immédiatement et a rampé pour se mettre à l'abri : « Ils ont dû me repérer, nous devons attendre un peu. » S'étant déplacé légèrement sur le côté, il a repris sa besogne quelques minutes plus tard.

En haut, la situation se détériorait rapidement. Les *doukhi* avaient intensifié la pression et amené du renfort. Les Syriens continuaient de tirer eux aussi. Déjà, Zodchiy était redescendu, la tête bandée : une balle lui avait brisé la mâchoire. Derrière lui, le tibia emmailloté, s'appuyant sur un long bâton, clopinait Samarets (le Samarien). Inostranets continuait de ramener des blessés, toujours plus nombreux. Après une courte pause, Ratnik a donné l'ordre de se replier, en assurant avant tout l'évacuation des blessés.

J'avais entendu toutes les discussions par notre radio, il fallait agir de manière décisive. Aucune raison d'attendre l'ordre de Ratnik qui pouvait très bien ne pas m'inclure dans le groupe des assaillants de réserve. Je savais que ma place était là-haut, et seulement là-haut, auprès de mes gars qui étaient dans la merde. J'étais leur commandant, j'en étais responsable, et j'en répondais, surtout vis-à-vis de moi-même. Et puis comment conduire des soldats si tu as perdu leur confiance et que tu ne peux plus les regarder dans les yeux ?

Je me suis levé, et, en restant courbé, j'ai avancé vers les Syriens blottis derrière leur abri. Niéman était déjà là qui tentait de faire avancer les alliés en les accablant de jurons. J'ai dégainé mon Stetchkine et mis en joue le Faucon le plus proche avec la ferme intention de l'abattre s'il refusait de bouger. Le Syrien a ouvert de grands yeux et s'est levé d'un bond, imité par quelques autres. En nous jetant des regards craintifs, à Niéman et moi, ils ont commencé à bouger. D'autres mercenaires se sont joints à nous : tout le monde à part les Syriens comprenait clairement qu'il fallait immédiatement aller à la rescousse de nos hommes, là-haut.

Quand notre détachement improvisé a franchi un terrain envahi par de hauts buissons épineux, j'ai eu l'occasion, une fois de plus, de me convaincre que les Arabes avaient un talent indubitable : ils déployaient des trésors d'ingéniosité pour se défiler quand il s'agissait de sauver leur peau. Lorsque nous sommes ressortis des broussailles, il n'y avait déjà plus aucun Faucon à nos côtés, ils s'étaient tous cachés et n'avaient pas risqué un orteil à découvert sur le terrain qui menait à la pente. À ce moment-là, je les ai vraiment haïs.

Nous grimpions le versant rocheux, en évitant le sentier, nous agrippant aux arbustes bas et drus. Une fois arrivés sur le petit plateau où s'étaient retranchés nos gars, nous sommes tombés à quatre pattes : le feu était si nourri que rester debout, même voûté, aurait été le comble de la folie. Les blessés rampaient vers nous. Positionné dans un petit creux, je faisais passer les armes et les aidais à descendre. De temps en temps, comme d'autres combattants, je vidais la moitié de mon chargeur tantôt dans la direction des *doukhi*, tantôt dans celle des alliés qui continuaient à tirer, bien à l'abri derrière leurs rochers au pied de la montagne. Cela permettait, pour un moment au moins, de diminuer l'intensité des tirs venant des deux côtés.

Il y avait beaucoup de blessés, presque tous aux jambes, certains avaient reçu des éclats de mines. Et il était impossible de savoir si c'était les *doukhi* qui avaient commencé à bombarder leur première ligne qu'ils avaient perdue, ou si c'était ces connards d'alliés qui continuaient à tirer des mortiers sur les pentes.

Tamok était encore à côté de moi, pas encore blessé. En rampant un coup à gauche, un coup vers le haut, j'ai remarqué Satana, un genou au sol, qui lançait de toutes ses forces, l'une après l'autre, deux grenades vers les *doukhi*. Niéman s'est approché de moi et m'a proposé de revenir vers les buissons pour y organiser la couverture du dernier groupe qui quitterait la hauteur. Et même si cette proposition venait d'un de mes subordonnés, j'ai compris que cette action elle était la seule raisonnable dans notre situation. Ce n'était pas le moment de faire un concours de braguettes. Aidant le sniper, légèrement blessé à la jambe, j'ai commencé à ramper vers le bas.

Dans les buissons, une fois les mitrailleuses positionnées, je me suis préparé à accueillir nos derniers camarades. Dix minutes plus tard, traînant les blessés graves, le groupe principal s'est engagé sur la pente à découvert. Avec Tchoujoï (l'Autre) et Gor, nous avons ouvert le feu, tirant sur la hauteur sans laisser aux *doukhi* la possibilité d'approcher les mercenaires qui battaient en retraite.

C'est à ce moment-là que Tamok a sauté sur une mine. En aidant un petit gars de l'équipe de Ratnik qui avait perdu un pied comme ça, Tamok avait par hasard posé le genou sur le détonateur d'une autre mine, enfouie juste à côté.

J'ai rampé jusqu'à l'endroit où il gisait, blessé, sans pouvoir croire à la rapidité d'un changement si irréversible. Bien sûr, à la guerre, le passage de la vie à la mort, ou à une vie entravée par une infirmité lourde, peut se produire à tout moment, à n'importe quel endroit, même dans un lieu relativement sûr, mais on ne s'y fait jamais. Impossible de ne pas avoir le cœur déchiré d'amertume, surtout quand il s'agit d'un ami, d'un camarade avec lequel, l'instant d'avant, on discutait, et qui soudain se retrouve déchiqueté par des éclats d'obus ou des balles. On a chargé Tamok sur une bâche, abandonnant le morceau arraché à sa jambe : il y avait trop de blessés à évacuer et, vu que les tirs se poursuivaient des deux côtés, un trop grand risque d'y perdre encore des hommes.

Finalement, tous les soldats de fortune avaient réussi à se mettre en sûreté. Là-haut, sous le feu des mortiers, il ne restait plus personne.

Nous sommes revenus au camp en silence, aboyant seulement de brèves injures en réponse aux saluts des Faucons que nous croisions. Ça avait été une journée de merde. Nous n'avions qu'une envie : quitter cet endroit au plus vite et ne plus voir tous ces Syriens qui s'agitaient autour de nous. Ces derniers, comprenant probablement notre état d'esprit, gardaient leurs distances.

Peut-être que nous avions simplement manqué de chance et qu'en réalité, ils possèdent, quelque part, une véritable armée, dans laquelle combattent des soldats dignes de ce nom ? La question tournait dans ma tête, mes oreilles bourdonnaient. Ils ne peuvent pas tous être ainsi. C'est leur pays, dont l'existence même est en jeu. Ils doivent le comprendre, à moins d'être des idiots finis. Seule la capacité du peuple à se sacrifier pour sa patrie détermine l'existence d'une nation souveraine.

Un mois plus tard, en Russie, Tamok mourra à l'hôpital. Un des nombreux aléas du métier de mercenaire. Que la terre te soit douce, mon frère.

11

LA VICTOIRE MANQUÉE

Guérassim, le chef du groupe d'éclaireurs de ma compagnie, a passé une dernière fois en revue ses soldats, réunis autour d'un bâtiment détruit. Il a vérifié que les lunettes à vision thermique fonctionnaient, puis expliqué l'objectif, sur un ton égal et calme. Les mercenaires allaient devoir contourner les fortifications de l'ennemi et approcher les *doukhi* par l'arrière. Dans l'esprit des conseillers russes du QG en charge de l'opération, cette manœuvre devait assurer le succès de l'attaque sur cette portion de terrain. Avec les actions des alliés syriens sur l'autre flanc, là où intervenait le groupe de Zodchiy, cela permettrait de porter un coup sur les deux flancs à la fois et de détruire ainsi la défense bien organisée de l'ennemi. Pour Guérassim et ses hommes, la tâche n'était pas des plus simples. Les éclaireurs connaissaient mal la région, et même l'étude détaillée de l'itinéraire, sur la carte et depuis le poste d'observation, ne garantissait en rien le succès de l'opération. En montagne, surtout dans l'obscurité, il est extrêmement facile de s'égarer. En outre, ni les images du drone ni la surveillance n'avaient permis de se représenter clairement les positions et déplacements de l'ennemi. Mais le groupe de Guérassim était bien formé et expérimenté, et ce n'était pas la première fois qu'ils devaient s'acquitter d'une telle mission.

Ils avançaient lentement, s'arrêtant de temps en temps pour écouter et observer le chemin avec leurs lunettes à vision thermique. À tout moment, ils pouvaient tomber sur une patrouille ou même, puisque les *doukhi* possédaient eux aussi des appareils de vision nocturne, être repérés depuis les positions ennemies, ce qui aurait immanquablement compliqué l'issue du combat. Ils progressaient en se protégeant derrière les rochers. Il leur a fallu plus de trois heures pour couvrir les cinq kilomètres jusqu'à l'endroit indiqué. Guérassim a scrupuleusement comparé les données du navigateur, la carte, et le terrain, pour s'assurer qu'ils se trouvaient au bon endroit. Puis il a ordonné aux éclaireurs de se cacher et d'attendre tandis que lui, accompagné d'un combattant pour le couvrir, montait un peu plus haut, pour s'orienter et déterminer la position de l'ennemi.

Ils n'ont pas eu à aller très loin. Dès qu'ils ont aperçu les contours des sommets et découvert un massif montagneux, ils ont senti que l'ennemi était proche : une odeur de feu de bois et de nourriture flottait dans l'air. Guérassim et son binôme se sont cachés derrière des rochers. En regardant autour d'eux avec prudence, ils ont immédiatement identifié des fortifications sur la hauteur opposée et un chemin qui descendait distinctement des positions adverses en serpentant sur le versant de la colline qui leur faisait face. Au bout de quelques minutes, les lunettes de vision thermique ont détecté sur le chemin quelques silhouettes de *doukhi*. En scrutant un peu plus vers l'est, dans la direction que devait emprunter le groupe, Guérassim a découvert les positions bien aménagées de l'ennemi. Les éclaireurs avaient réussi à passer dans un angle mort pour observer l'adversaire, et à se rapprocher des *doukhi*, si bien qu'ils pouvaient désormais surveiller leurs fortifications ainsi que les routes qui y menaient depuis l'arrière. De là, viser et corriger les tirs serait un jeu d'enfant. Ils pourraient aussi, avec leurs mitrailleuses, leur couper l'accès aux fortifications par l'arrière, écrasant sous leur puissance de feu tous ceux qui tenteraient de venir en aide aux assiégés.

Guérassim était content : il avait retrouvé son instinct de chasseur sur le point de lever un gros gibier. Une demi-heure plus tard, tout le groupe des éclaireurs l'avait rejoint et s'était installé pour assurer une défense tous azimuts. Guérassim a rapporté à son supérieur Grigoritch que son groupe était bien positionné et attendait les ordres. Pendant tout ce temps, la circulation n'avait pas cessé sur le chemin : par deux ou plusieurs, les *doukhi* rejoignaient leurs postes, chargés de ce qui devaient être des munitions et de l'eau, en prévision de notre attaque. Mais au bout d'une autre demi-heure environ, à la surprise des éclaireurs, Grigoritch a annoncé par radio : « Rentrez, les alliés ne se battront pas ici aujourd'hui. » Les mercenaires n'en étaient pas à leur première opération conjointe avec les *sadyk*, ils en avaient vu d'autres, mais le refus des Syriens d'attaquer alors qu'ils avaient tous les atouts en main a laissé tout le monde bouche bée. En prenant le contrôle des positions de l'ennemi, y compris des lignes arrière, les mercenaires russes garantissaient le succès de l'offensive. Mais la volte-face des Syriens réduisait à néant tous leurs efforts, au mépris des risques mortels qu'avaient pris Guérassim et ses hommes.

Après une courte discussion, ils ont décidé de rentrer par le même chemin. Ce vieux briscard de Guérassim savait que, sur le retour, le plus important était de ne pas se laisser aller à ses émotions et de refréner, par un effort de volonté et une froide détermination, l'envie de se retrouver au plus vite en sûreté parmi les siens. Il fallait recommencer les mêmes gestes prudents, les mêmes arrêts pour scruter attentivement l'itinéraire à la lunette thermique, puis de nouveau avancer en silence pour écouter chaque son, renifler chaque odeur, poser le pied avec une précaution extrême. Ils sont rentrés sans encombre. Épuisés par la tension physique et nerveuse, irrités et déçus, les combattants se sont endormis immédiatement dans les tentes. Les soldats de fortune, plongés dans un sommeil de plomb, ne savaient pas qu'une attaque avait commencé sur l'autre flanc. Ils ne se doutaient pas non plus que, par deux fois en quelques heures, les Syriens avaient tué dans l'œuf une merveilleuse occasion de s'emparer d'une vaste région fortifiée et de remporter une victoire importante.

Étonnamment, les généraux russes qui commandaient cette opération n'ont fait preuve d'aucune volonté, et n'ont pas obtenu des chefs de guerre syriens qu'ils s'engagent activement dans les combats. Le résultat de toutes ces décisions absurdes se résumait à une offensive manquée, des efforts vains et des victimes inutiles parmi les simples soldats. De toute évidence, cette guerre étrange était appelée à durer encore de longues années.

12
À L'ARRIÈRE

Après les premières chaleurs timides du printemps, une dépression froide avait enveloppé les montagnes de Lattaquié. Une lourde masse de nuages gris s'était accumulée au-dessus du col, libérant de temps en temps une pluie fine et glacée. Un brouillard épais dissimulait les hauteurs dans le lointain et s'accrochait en lambeaux au plateau où les mercenaires avaient établi leur camp. Nous étions transis jusqu'à la moelle, le moral en berne. Sur le front, après la dernière attaque manquée, c'était le calme plat. On avait laissé passer l'occasion de porter un coup coordonné à la défense de l'ennemi. Convaincre nos alliés de s'engager dans de nouvelles actions n'était pas pour tout de suite.

Ratnik, qui ne voyait pas l'intérêt de garder l'ensemble de son détachement sous la pluie dans les montagnes, nous a donné son feu vert pour partir en excursion jusqu'au camp de base, sur la côte. La permission ne concernait qu'un tiers des combattants, la défense de nos positions ne s'en ressentirait pas. Du reste, dans de telles conditions météo, les *doukhi* n'attaquaient jamais.

Notre colonne de véhicules s'est ébranlée en direction de la riante vallée avec ses champs verdoyants baignés de soleil, bien visibles depuis le col que nous traversions. À mesure que nous descendions, les nuages de plomb laissaient la place à un air pur et transparent. Dans la plaine qui longeait la côte, la bienfaisante douceur printanière semblait permanente et immuable. Le froid et l'humidité des montagnes étaient vite oubliés.

L'université agricole qui abritait la base baignait dans le parfum des arbres fruitiers en fleurs. En entrant dans le bâtiment où était cantonné mon régiment, j'ai ôté mon manteau humide et sale dans l'espoir de prendre enfin une douche, mais c'était raté : l'adjudant-chef accompagné du technicien du régiment a fait irruption dans la pièce et m'a plongé tête la première dans les questions d'intendance qui s'étaient accumulées. Comme d'habitude, les problèmes vraiment sérieux s'envenimaient à cause de toutes sortes de griefs opposant le chef de compagnie, responsable des questions administratives, et le technicien, dont le boulot était celui d'un... technicien. Comme toujours, ils n'avaient pas réussi à délimiter leurs domaines d'intervention. Le technicien, qui pourtant passait le plus clair de son temps à traîner dans les quartiers du régiment au lieu d'entretenir et réparer les équipements sur la base, estimait que l'adjudant-chef empiétait constamment sur ses plates-bandes. Selon moi, l'adjudant-chef était un bon intendant, efficace et dynamique, tandis que le technicien avait un gros poil dans la main. La jalousie gangrenait aussi leur relation : l'adjudant, qui pouvait régulièrement se rendre dans les zones d'opérations militaires, déclarait des jours de combat sur son tableau de service, alors que la réparation de véhicules déglingués ne permettait pas au technicien de prétendre à des primes. Des primes qui pouvaient doubler voire tripler le salaire des mercenaires... Seule la participation aux combats permettait aux mercenaires de bien gagner leur vie. N'ayant ni le temps ni la force d'entrer dans le détail de leurs chicaneries, j'ai choisi de jouer les juges de paix en promettant au technicien : « Si tu t'occupes correctement du matériel, on trouvera un moyen pour que toi aussi tu reçoives des jours de combat. » Quant à l'adjudant, je lui ai dit : « Laisse les conducteurs tranquilles. Débrouille-toi sans eux. » Ainsi, j'avais mis temporairement un terme aux débats.

La douche était moins agréable que prévu, car ceux qui m'avaient devancé avaient utilisé toute l'eau chaude des réservoirs sur le toit. Une fois de plus, il y avait un problème d'évacuation : un bouchon de dentifrice ou une chaussette devait bloquer le tuyau d'écoulement. Le plaisir tant attendu n'était pas au rendez-vous.

J'avais à peine eu le temps d'enfiler des vêtements propres qu'une autre conversation désagréable commençait, cette fois avec mon supérieur direct, Biker, le chef du renseignement de la légion. Biker était incontestablement un expert de l'espionnage et du sabotage, hautement qualifié. Très indépendant, il s'autorisait non seulement à avoir sa propre opinion, mais aussi à l'exprimer haut et fort, ce qui le conduirait d'ailleurs à se faire renvoyer de la Compagnie. Il me reprochait de ne pas être assez mobile, de délaisser mes hommes postés ailleurs. Ses critiques n'étaient pas infondées, mais je n'avais techniquement pas le temps de me rendre partout. On ne m'avait toujours pas attribué de pick-up, et il aurait été dangereux de circuler dans le lourd camion Ural sur les routes de montagne détrempées par la pluie. Je risquais de me rétamer et d'esquinter le véhicule en prime. Biker n'était pas content non plus que je délègue à l'adjudant les affaires courantes du régiment sur la base. Il trouvait que ce n'était pas justifié et fourrait constamment son nez dans mes affaires, ce qui me tapait évidemment sur le système.

Après cette discussion, je suis sorti de la caserne par une porte latérale, et me suis étonné de ne pas trouver sur le parking les pick-up de Ratnik. Alarmé, j'ai suivi rapidement l'étroit chemin goudronné qui, serré entre deux rangées d'épais buissons à hauteur d'homme, menait au QG de la brigade. La première chose qui m'était venue à l'esprit, c'était que Ratnik avait dû partir précipitamment à cause d'un problème sur le front. Dans l'agitation, il avait pu oublier les éclaireurs ou ne s'était simplement pas embarrassé de les attendre puisque, après la dernière bataille, mon groupe ne comptait plus que cinq personnes, moi compris. Nous n'allions pas jouer un rôle décisif dans un combat.

En arrivant donc au QG, je suis tombé sur Ratnik qui, dans une colère noire, avait une violente explication avec le chef d'état-major Dounaï (Danube). Je n'avais encore jamais vu Ratnik dans un tel état, et pourtant j'avais eu l'occasion de l'observer dans des situations très diverses. L'un des conducteurs des Ural, après avoir éclusé une bouteille de vodka achetée dans une échoppe à côté du camp, était monté dans la cabine de son camion et avait appuyé sur l'accélérateur. Tout s'était passé très vite. Le puissant camion avait éperonné à toute blinde deux pick-up de Ratnik, les réduisant à un tas de métal tordu et plié, et nous privant d'un coup de moyens de transport extrêmement précieux pour une troupe d'assaut. Surpris par le boucan, Ratnik était accouru pour découvrir cette scène de destruction. Perdant son calme, il avait tiré le chauffeur complètement ahuri de sa cabine et lui avait fait mordre – littéralement – la poussière à coups de poings. Seule l'intervention de ceux qui se trouvaient à proximité l'avait sauvé d'une mort certaine entre les mains de Ratnik, formé dans les forces spéciales du GRU. À ces débuts, Wagner recrutait beaucoup d'anciens du GRU. Beethoven lui-même en faisait partie, et les vétérans des renseignements militaires russes formaient l'élite de la Compagnie.

L'événement était stupéfiant : passe encore de perdre un véhicule pendant les combats, mais que le responsable de l'incident soit un camarade bourré ayant agi de manière inappropriée au camp de base... Les termes de nos contrats interdisaient de consommer de l'alcool pendant les missions, mais c'était aussi la norme de picoler un peu, modérément, et personne n'y accordait plus d'attention que ça. Les SMP employaient des hommes adultes, censés être capables de répondre de leurs actes. Malheureusement, certains perdaient la boule sous l'emprise de l'alcool. On ne peut pas deviner à l'avance ce que chacun a dans le ventre, ni quels aspects de sa personnalité il révèlera un jour.

Encore sous le choc, tout le monde s'est rassemblé pour assister à une réunion présidée par deux chefs en même temps, fait rarissime. L'un d'eux était le grand Beethoven en personne, le terrible commandant de la Compagnie, et l'autre, un individu important qui répondait au blaze de Blondine (le Blond). Personne ne savait exactement quelle fonction occupait ce Blondine, mais son pouvoir était à peu près égal à celui de Beethoven. C'étaient deux vétérans, soldats chevronnés, qui avaient traversé beaucoup de batailles et de guerres. Dans une autre vie, ils avaient servi comme officiers dans l'armée de métier.

Beethoven a commencé par nous passer un savon, en se servant de n'importe quel prétexte :

ici on avait mal exécuté les ordres, là on avait compris de travers. Le premier à en prendre pour son grade était l'adjoint du technicien, responsable du service des chars blindés. Beethoven, de son ton mordant, les yeux plissés, fendant l'air de la main, l'a sermonné longtemps pour avoir échoué à organiser correctement les réparations et l'entretien du matériel de combat. À mon avis, le technicien adjoint n'était pas un mauvais type, mais il ne cadrait pas du tout avec sa fonction dans les rangs des mercenaires. À l'armée, tout problème est résolu par un ordre, peu importe ce que voudrait le sens commun. Dans une SMP, il faut davantage faire fonctionner son imagination, sa créativité et, jusqu'à un certain point, faire preuve d'initiative. Pour se justifier, le technicien adjoint est allé jusqu'à protester, Dieu sait pourquoi, que les véhicules du régiment des éclaireurs avaient tous un jeu complet de clefs de serrage, alors que tous les autres en manquaient. Cet argument bizarre m'a laissé sans voix. En quoi le sérieux des conducteurs de mon régiment, qui avaient réussi à réunir les clefs, pouvait-il affecter les autres ? C'est Dounaï qui a détendu l'ambiance, menaçant ceux qui seraient pris à voler du matériel d'être livrés à Ratnik, et provoquant ainsi un rire général d'approbation.

Puis, Blondine a pris la parole. Dans son style fleuri, où se mêlaient folklore militaire, grossièretés et allusions salaces, il nous a présenté la situation présente et les plans pour l'avenir. Il prenait du plaisir à parsemer ses discours de plaisanteries caustiques et d'expressions vulgaires qui devaient, selon lui, témoigner de son sens de l'humour. Blondine ne m'aimait pas, ne m'ayant visiblement pas pardonné l'affaire avec le Serbe Volk, son protégé. Il a sauté sur l'occasion et ne m'a plus lâché : il m'a accusé d'avoir voulu faucher un drone quadrirotor en prétendant qu'il avait été mis hors d'usage pendant un combat alors que, d'après lui, il avait été cassé sur la base. Un drone avait pourtant bien été détruit dans les montagnes par une rafale de mitrailleuse, et un deuxième, endommagé lors d'un vol, était déjà presque réparé. Des accusations blessantes fabriquées de toutes pièces. Blondine m'a interrompu quand j'ai tenté de m'expliquer. C'était comme ça chez les mercenaires : les chefs ne cherchaient pas à aller au fond des problèmes, ils prenaient pour argent comptant la première version qu'on leur servait. Ils lançaient des accusations à la volée ; et protester pour se défendre pouvait servir de prétexte à un licenciement. À cet instant, les poings serrés à m'en donner des crampes, je grinçais des dents à l'idée de lui casser le nez, entre ses sourcils grisonnants. Mais je suis parvenu à me maîtriser : je n'avais pas l'intention de perdre mon travail si vite. Par la suite, mes relations avec Blondine se normaliseraient, mais resteraient à jamais entachées d'une arrière-pensée.

Dounaï, en tant que chef de l'état-major, s'est adressé à ceux qui géraient la logistique, à l'arrière : « Il y a ceux qui partent à l'attaque avec une arme, et ceux qui leur fournissent tout le nécessaire mais ne participent pas aux combats. Vos efforts, votre fatigue, vos nuits blanches, c'est le prix de votre participation, vous qui ne courez pas le risque d'être tué ou blessé. Vous ne gagnez pas beaucoup moins, et même parfois plus qu'un simple soldat, donc j'exige de vous une abnégation totale. Votre manque de sommeil ou de nourriture ne m'intéresse pas. Je serai intraitable. »

Voilà qui était bien dit. Que le technicien fasse son travail, pas besoin de lui rajouter des jours de combat. Oui, il gagne moins, mais il ne court aucun danger. Et s'il le mérite, nous lui donnerons une compensation par la suite, sous forme de prime.

Quand la réunion s'est terminée, chacun s'est dirigé vers son lit, perçant l'épais rideau de la nuit à la lumière de sa lampe-torche : à cette heure-là, l'électricité était toujours coupée sur la base, seuls fonctionnaient les appareils d'éclairage alimentés par un générateur ronronnant. Le lendemain matin, Ratnik a reçu de nouveaux pick-up, mais quand j'ai demandé au technicien si moi aussi je pouvais compter sur un véhicule un jour, il a été incapable de me répondre. Nos petites vacances touchaient à leur terme, il était temps de refaire les sacs et de repartir dans les montagnes.

13

UN JOUR DANS LA BANLIEUE DE KINSABBA

Dans cette interminable guerre de positions, les journées commençaient toutes de la même manière pour les mercenaires postés dans un petit village des environs de Kinsabba, au nord-est de Lattaquié : la toilette à l'eau froide, la préparation du petit déjeuner et du thé brûlant. L'eau venait d'une source dans la montagne, qui s'était autrefois frayée un chemin à travers la roche, et que les habitants industrieux de ces contrées avaient ensuite aménagée en petite fontaine, avec des dalles de granit.

On n'était qu'en février, mais le soleil chauffait comme au printemps et après une nuit à grelotter, nous profitions de la tiédeur et de la lumière matinales. Sans trop nous soucier d'être en première ligne, à portée des roquettes et des mitrailleuses lourdes de l'ennemi : c'était la routine.

La nuit avait été agitée. Les guetteurs avaient sonné l'alarme à tout bout de champ, chaque fois qu'ils avaient remarqué du mouvement sur la route de Kinsabba, où les Syriens piétinaient depuis deux semaines, après plusieurs tentatives infructueuses de s'en emparer. Il avait fallu recourir au mortier à de multiples reprises et, à en juger par l'épaisse fumée noire qui s'élevait dans le ciel, les obus avaient atteint leur cible : seul un véhicule plein d'essence pouvait flamber comme ça.

Une tasse de café à la main, je me tenais sur le pas de la porte d'une maison à moitié détruite, où les soldats de Zodchiy avaient pris leurs quartiers, et j'écoutais sur notre radiotéléphone les discussions des éclaireurs qui couvraient le secteur voisin. Le groupe de Tchoub accompagnait les Faucons dans leur lente progression vers les positions des *doukhi*.

Tout à coup, j'ai entendu un grincement de métal sur du verre, caractéristique d'un tir de mortier artisanal. Dans un réflexe acquis à la guerre, j'ai reculé machinalement pour me mettre à couvert sous l'abri bétonné. L'obus en aluminium rempli de TNT s'est écrasé à une quinzaine de mètres devant moi. À peine le champignon blanc de l'explosion était retombé, qu'une nouvelle détonation a résonné. Aussitôt, la radio a transmis le hurlement du guetteur : l'obus était tombé droit sur le toit du bâtiment où se trouvait le point d'observation et, après un ricochet sur l'abri de béton armé qui l'avait ralenti, il s'était planté dans la roche, non loin de l'impact du premier.

Qu'un mortier mobile nous tire dessus n'avait rien d'extraordinaire et, dans un premier temps, personne ne s'en est inquiété. Par précaution, j'ai donné l'ordre aux guetteurs de quitter temporairement leur position, mais à peine avais-je fait un pas en direction de la pièce où étaient entreposés mon équipement et mon fusil que j'ai entendu deux autres explosions, un peu plus proches. Cette fois, c'était inquiétant, car d'habitude les mortiers mobiles ne s'attardaient pas au même endroit. À la fréquence des tirs, il est devenu clair qu'il y avait non pas un, mais plusieurs mortiers. Les *doukhi* devaient être en embuscade tout près.

J'ai lancé un « Aux armes ! » mais mes hommes étaient déjà en train de se préparer. Un soldat, surtout expérimenté, a du flair. Il est capable de déterminer la proximité du danger grâce à des indices apparemment anodins. Le commandant joue aussi un rôle non négligeable. Ses ordres, précis, donnés d'une voix forte, sont indispensables pour obtenir de chaque homme la motivation nécessaire. C'est encore plus vrai au combat. J'ai donc continué à crier des ordres brefs, bien que sachant qu'il n'y avait ni froussards ni poltrons dans mes rangs : de tels individus ne font pas de vieux os parmi les mercenaires.

Zodchiy a dépêché les éclaireurs à leurs postes. L'artilleur a fait sortir de sa planque le canon antiaérien Zenit fixé à l'arrière d'un tout-terrain GAZ, prêt à se mettre en position de feu le moment venu. Les Syriens qui se trouvaient dans le secteur furent prévenus aussi de la possible apparition d'hôtes indésirables.

Bientôt, l'un des éclaireurs a annoncé qu'il avait repéré la cible, à travers ses jumelles : sur le côté opposé du ravin, des silhouettes sombres se bousculaient près d'un lance-roquettes antichar. Une arme sérieuse, capable de réduire en miettes un bâtiment de taille moyenne, de transformer un char en une masse de fer incandescente et, plus facilement encore, un véhicule de transport des troupes. Dans ce genre de situations, il faut impérativement passer à l'attaque pour détruire la source du danger, avant l'arrivée du missile fatal.

Les artilleurs du Zenit ont pris rapidement leurs marques et visé. Quelques fractions de seconde plus tard, des traînées de roquettes déchiraient l'air. À l'endroit exact où s'était trouvé le lanceur, un tourbillon de feu se déchaînait : au milieu de la fumée et des explosions, il n'y avait aucune chance d'en réchapper. Derrière le parapet, tous les mercenaires ont poussé un rugissement euphorique, relâchant toute la tension accumulée.

Mais, au même instant, tirées d'un second lanceur que personne n'avait remarqué, des charges ont explosé au-dessus de nos têtes, projetant une pluie de shrapnels. Les artilleurs des *doukhi* utilisaient une méthode éprouvée de tir à très longue distance, dite « à la volée » : la charge à fragmentation explosait en l'air par auto-activation du détonateur. Les mercenaires à découvert se sont précipités sous les voûtes providentielles d'une maison à demi détruite.

Le tireur et le conducteur du Zenit, abandonnant leurs armes sur place, se sont rués derrière eux.

L'affolement a été de courte durée. Tout le monde a repris ses esprits au premier ordre. L'un des éclaireurs, Mrak (Ténèbres), a bondi hors du refuge, s'est assis à la place du conducteur pour déplacer le GAZ et le Zenit plus bas sur la route, hors de portée de l'ennemi. Les autres soldats sont retournés à leurs positions et, sur mon ordre, ont déversé un torrent de feu droit devant eux, dans les fourrés. Une fois nos chargeurs vidés, nous nous sommes remis à l'abri : c'était maintenant aux guetteurs de prendre le relais.

Quelques instants plus tard, le Zenit de l'ennemi s'est manifesté à nouveau, mais cette fois, les mortiers de Brity ont rapidement calculé sa position et l'ont arrosé en retour. Le Zenit a tenté de se mettre à couvert, mais les charges tombaient tout autour et, bientôt, une épaisse colonne de fumée noire s'est élevée derrière le rocher qui dissimulait le pick-up des *doukhi*.

Les nerfs toujours à vif, les mercenaires scrutaient les broussailles devant eux, s'attendant à une attaque. Les mortiers artisanaux de l'ennemi se sont remis à tirer. Mais, heureusement, les obus explosaient derrière nous, sans nous causer de dommages, ne créant qu'une vague tension psychologique.

Progressivement, les *doukhi* se sont calmés : leur plan était manifestement tombé à l'eau. Une partie de leurs dispositifs antichar était détruite, et leurs tirs de mortier n'avaient pas eu l'effet escompté.

Mais les Syriens, qui jusque-là avaient observé les événements bien au chaud dans leurs refuges, ont commencé à s'agiter et les Faucons se sont empressés de charger dans une puissante Ford leurs mitrailleuses lourdes DShK et les lanceurs de missiles antichar. Grâce à l'un des soldats qui parlait trois mots d'anglais, j'ai appris que les *sadyk* avaient reçu l'ordre de battre en retraite : les *doukhi*, qui harcelaient toujours notre flanc droit, menaçaient d'encercler les détachements chargés de la défense.

Son récit paniqué s'est vu complété par la scène des soldats syriens fuyant la hauteur située sur le côté droit du village. J'ai aussitôt contacté Ratnik pour lui faire un rapport. Il m'a donné l'ordre de rester sur place et de retenir les alliés. Il a fallu de nouveau discuter avec les *sadyk*, et les assurer qu'il n'y avait aucun risque d'encerclement.

Compliqué d'apaiser les Faucons affolés tout en essayant de comprendre ce qui se passe au loin, sans perdre le contrôle de la situation. Perdu, j'ai demandé de nouveau l'avis de Ratnik. Il m'a répondu, de la voix d'un commandant prêt à en découdre et absolument certain de ses forces : « On se met en formation de défense circulaire. Et on reste en place. Qu'ils aillent se faire foutre, on n'a peur de personne. »

À partir de ce moment-là, j'ai parlé aux *sadyk* plus fermement, avec insistance. Mon aplomb a fini par porter ses fruits. Après quelques conciliabules, les alliés ont rapproché leurs pick-up, les ont déchargés rapidement et ont repris leurs anciennes positions. Le commandant des Faucons, qui n'était manifestement pas complètement convaincu, est venu vers moi. Mais ayant reçu du « djénéral » russe l'assurance que nous n'allions pas bouger, il est retourné parmi ses soldats, visiblement rassuré.

Entre-temps le groupe de Brity, qui s'était avancé jusqu'à la ligne de front pour corriger le tir de ses batteries, nous avait rejoints. Sans rien me demander ni ajouter à mes soucis, Brity avait placé son opérateur radio et ses correcteurs derrière un rempart naturel près de la route. En combattants accomplis, les éclaireurs n'avaient pas eu besoin d'attendre un ordre pour se préparer. Ils remplissaient leurs chargeurs vides, vérifiaient leur arme et les lunettes de vision nocturne, et sécurisaient leurs positions défensives.

La nuit tombait. Après un examen minutieux des environs, j'ai découvert que tous les Faucons n'avaient pas abandonné leurs positions à l'extrémité du village, à droite. C'était une bonne nouvelle. Au moins, la question de savoir qui couvrirait ce flanc-là était-elle résolue. Sinon, il aurait fallu diviser notre petite garnison en groupes bien trop éloignés les uns des autres, ce qui aurait nui à l'ensemble de la défense.

À la nuit, tout était calme, mais nous demeurions dans une attente tendue. Visiblement, l'ennemi avait épuisé son énergie durant la journée et n'avait plus la force de se lancer dans des actions décisives, dans l'obscurité. J'ai dormi quelques heures, mais j'étais debout avant le lever du soleil, je savais bien que les *doukhi* préféraient attaquer juste avant l'aube.

Les gars du groupe de Tchoub se sont bientôt mis à parler par talkie : il y avait de nouveau du mouvement dans le secteur voisin. Comme la veille, ils ne recevaient pas l'appui des autres groupes de *sadyk*. D'après moi, les actions non coordonnées des Faucons s'expliquaient uniquement par les dissensions internes à la SMP syrienne, conséquence de la compétition entre les frères fondateurs pour les faveurs du président Bachar al-Assad. Ainsi, quand certaines brigades syriennes partaient à l'attaque, d'autres, dans les secteurs voisins, restaient ostensiblement les bras croisés ou se contentaient de donner le change. Les officiers arabes ne dissimulaient pas ces bisbilles mais n'avaient pas l'intention d'y remédier. C'était peut-être pour cela que cette guerre s'étirait à n'en plus finir, que des gens mouraient et que les rebelles reprenaient sans cesse aux soldats d'Assad les villes et villages durement conquis par l'aviation, les forces spéciales et les mercenaires russes.

J'ai échangé quelques mots avec mes gars, puis je suis revenu sur la fréquence radio du groupe de Tchoub. La première chose que j'ai entendue m'a plongé dans la stupeur : « Tchoub est mort. »

Son groupe avait été pris pour cible par un mortier, et un éclat avait tué le vieux briscard. Je ne perdais pas seulement un chef de peloton, mais un homme pour qui j'éprouvais un véritable respect. Quand un groupe est sous le feu, son chef a pour mission de ramener tous ses hommes en sécurité, mais sans courir en première ligne comme un dératé. Ayant donné un ordre précis, il doit s'assurer que tous ses combattants l'exécutent, que personne ne reste en arrière. C'était ce qu'avait fait le vétéran Tchoub et, quand tous ses gars s'étaient retrouvés à couvert, il s'était vigoureusement projeté vers l'abri qu'il avait repéré. Il avait mal choisi son moment. Un obus avait explosé et il avait reçu un gros éclat dans le crâne. Le soldat d'assaut Riaba (le Grêlé), qui devait lui-même être blessé dans l'explosion suivante, s'était rué vers lui et l'avait empoigné. Mais Tchoub avait déjà cessé de respirer.

Tchoub avait été un travailleur de la guerre, un acharné. Il avait parcouru les sentiers montagneux d'Afghanistan et les ruines de Grozny, il avait chassé les pirates au large des côtes somaliennes et débarrassé le Donbass des nationalistes ukrainiens. Spécialiste aguerri, il avait toujours su prendre les meilleures décisions dans les situations les plus extrêmes. Il avait réussi en peu de temps à former un peloton efficace et intrépide, considéré comme l'un des meilleurs du régiment. Son commandement tenait en trois mots : « Faites comme moi. »

Cet officier russe avait trouvé sa fin sur le champ de bataille. Comme tout guerrier véritable.

À la guerre, la mort est chose courante. En partant pour la Syrie, les mercenaires savaient qu'ils risquaient d'y perdre leurs frères d'armes, voire leur vie. Et pourtant, chaque décès était un nouveau choc. Ni la raison ni l'esprit ne pouvaient se résoudre à l'accepter. Voilà pourquoi ce jour ordinaire à Kinsabba a laissé une empreinte si profonde et douloureuse dans ma mémoire.

14

L'ASSAUT QUI N'A PAS EU LIEU

Notre offensive a commencé exactement à l'heure prévue. Le moral était bon : nous avions pu nous reposer, autant que possible dans les conditions d'une campagne militaire. La journée qui avait précédé le combat s'était déroulée sans accroc ; une journée de routine pendant laquelle nous avions eu assez de temps pour nous préparer tranquillement, sans stress ni précipitation. Mes gars étaient parés à l'action. Une route d'asphalte demeurée intacte menait à la ligne de front, mais nous avancions sans nous presser : notre équipement et les réserves d'eau, les seules choses que nous emportions, pesaient leur poids et nous devions garder des forces. Il restait encore six heures avant l'aube. Une obscurité impénétrable avait avalé les éperons rocheux et les collines environnantes, ne laissant que les crêtes lointaines se dessiner sur fond de ciel étoilé. Seuls les contours flous de bâtiments surgissant des ténèbres laissaient deviner que l'endroit était habité.

Nous avions atteint la route principale qui conduisait à un village en ruines dont les alentours constituaient le point de départ de notre offensive sur Kinsabba, quand nous nous sommes heurtés une nouvelle fois aux particularités du comportement des alliés. Les Faucons du désert se distinguaient par deux bizarreries inexplicables pour des militaires professionnels : l'incapacité des commandants à mener leurs hommes et à se coordonner entre eux, mais aussi le refus des simples soldats de respecter les règles élémentaires de la guerre. C'était comme chez Lénine : les chefs ne pouvaient pas, et le « peuple » ne voulait pas.

La route était encombrée de véhicules, tous phares allumés, au mépris des règles élémentaires du camouflage. À l'intérieur du village, des grappes de soldats se chauffaient autour de braseros sans s'inquiéter de révéler ainsi leur position. Les commandants ne se mêlaient pas des affaires de leurs subordonnés. Exiger de la discrétion dans la préparation d'une offensive leur passait complètement au-dessus de la tête.

J'ai conduis mon groupe à travers le village jusqu'à la lisière, pour nous établir un peu à l'écart du boucan des *sadyk*. Nous n'avions pas eu le temps de nous installer que l'artillerie des *doukhi* entrait en action. Le premier obus est tombé à une trentaine de mètres de la route, d'autres ont suivi en sifflant, mais plus loin. Heureusement, beaucoup explosaient en vol.

Hébétés, les Faucons fixaient la dernière déflagration. Jurant comme un charretier, l'éclaireur Moustafa les a forcés à éteindre leur feu. Tout le monde s'est caché dans les ruines. Je ricanais intérieurement : si l'armée libre avait possédé une artillerie de meilleure qualité, peu de soldats seraient rentrés de ce petit pique-nique.

Les *sadyk* ont commencé à former leurs colonnes pour l'offensive. Comme d'habitude, dans les cris, les injures et la bousculade. Notre objectif était simple : nous devions emboîter le pas aux alliés, les appuyer si besoin était et corriger les tirs de notre artillerie, tout en sachant très bien qu'à n'importe quel moment l'échelonnage des formations pouvait être modifié de manière inattendue.

Les colonnes désordonnées des Syriens ont fini par avancer. Mais les officiers subalternes des Faucons, qui possédaient des motos pour accompagner leurs détachements, sont eux restés sur place. Ils comptaient sans doute rejoindre leurs hommes lorsque ces derniers auraient atteint les positions.

À l'est, le ciel s'est éclairci, l'aube était toute proche. Les attaquants devaient d'abord descendre, puis grimper jusqu'à une crête où se nichait un petit village occupé par les *doukhi*, un genre d'avant-poste près de Kinsabba. De sorte que la première étape de notre offensive laissait tous les détachements à découvert, à la merci des tirs d'en face. Mais quel troupeau débile ! Pendant que les Syriens se préparaient, le soleil s'était levé, alors qu'on aurait pu profiter de l'obscurité pour avancer jusqu'au fond du ravin, et peut-être même aurions-nous pu remonter de l'autre côté à temps. L'optimisme des premières heures avait cédé la place à la nervosité.

Nous avancions, plus espacés que d'habitude. Nous nous arrêtions plus souvent aussi, nous jetant à plat ventre, en quête du moindre creux, du moindre buisson pour nous dissimuler. Pendant ce temps, les montagnes émergeaient dans la nuit. On distinguait de mieux en mieux les arbres, les amas de pierres, les buissons d'épineux et, bien entendu, le chapelet d'hommes armés qui traversait le ravin.

La montée était raide. Les Syriens, qui ne portaient pas leurs munitions, grimpaient bien plus vite que nous, et quelques tirs et rafales isolés claquaient déjà là-haut : les Faucons devaient avoir engagé le combat.

Quand nous avons atteint la maison au bord du ravin, les alliés avaient déjà investi toutes les pièces. J'ai décidé d'en faire le tour pour comprendre la situation. Peine perdue ! Impossible d'obtenir des informations intelligibles de la part des Syriens, ils étaient incapables d'expliquer quoi que ce soit, même par le geste. Les officiers subalternes qui étaient arrivés par la route goudronnée savaient encore moins que moi où se trouvaient leurs hommes. Pendant que j'errais à travers la maison, les commandants des Faucons s'étaient évaporés, enfourchant leurs motos, vers le village. Les soldats se retrouvaient sans supérieurs, livrés à eux-mêmes.

Un sniper nous tirait dessus depuis une position indéterminée, il avait déjà abattu un Syrien. Il fallait absolument le descendre. Zodchiy, avec un petit groupe de trois hommes, a avancé jusqu'à la mosquée, parcourant d'une traite la zone à découvert où un autre soldat syrien venait tout juste d'être blessé à la jambe. Les autres sont restés à l'abri.

La maison au bord du ravin était spacieuse, sur deux étages, avec des dépendances. Les alliés qui s'étaient installés dans les pièces du rez-de-chaussée avaient eu le temps de faire main basse sur tout ce qui traînait. Au premier, Moriak (le Marin) et Biély (le Blanc), au pied léger, essayaient de localiser le sniper. Le reste des éclaireurs s'était rassemblé dans l'espace entre deux annexes. Chacun y allait de son hypothèse sur la position du tireur. La direction indiquée par les alliés ne semblait pas la bonne.

Lui continuait à tirer, depuis sa planque indétectable. Moriak a annoncé qu'il avait remarqué du mouvement sur la crête qui menait au village. Il a ouvert le feu avec son SVD[1] sur les silhouettes noires qui se montraient parfois entre les rochers. La distance était trop grande pour le soutenir avec les mitraillettes, et les autres préféraient économiser les munitions :

---

1. « Snaïperskaïa Vintovka Dragounova » – fusil de précision russe conçu par Evgueni Dragounov dans les années 1960

la journée venait de commencer, nous en aurions encore besoin.

Marchant dans nos pas, Ratnik et sa troupe grimpaient la côte. Pour eux, équipés de gilets pare-balles, la montée était plus difficile que pour mes éclaireurs, qui ne s'en embarrassaient pas en général, pour des missions mobiles, où l'agilité et la rapidité sont essentielles.

Alors que Ratnik finissait de gravir la pente, les blindés qui devaient soutenir l'offensive ont reçu l'ordre d'ouvrir le feu. Ils se trouvaient sur des positions abritées, de l'autre côté du ravin, et leurs canons automatiques tiraient sur la crête de la hauteur voisine.

Les Syriens, établis dans plusieurs maisons à la lisière du village, avaient cessé d'avancer. C'était compréhensible, puisque leurs chefs les avaient abandonnés et qu'il n'y avait plus personne pour leur donner l'ordre de continuer. Ils avaient dilapidé leurs maigres réserves de munitions en défouraillant au hasard vers les hauteurs et avaient déjà deux blessés et un mort dans leurs rangs. Il ne fallait plus compter sur leur participation dans cette offensive.

Pour rejoindre Zodchiy, j'ai traversé en retenant mon souffle la zone que couvrait le sniper, me précipitant vers les fondations de béton d'une longue enceinte aux barreaux de fer. Alors que je l'avais presque atteinte, j'ai soudain entendu le claquement sec d'un tir isolé, trop fort pour être celui d'une arme automatique. J'ai pris mon élan, pliant les genoux, et roulé par terre pour couvrir les derniers mètres. Quand tu entends le coup de feu, il est déjà trop tard pour faire des acrobaties, mais bon. Sans perdre de temps, j'ai rampé à quatre pattes le long du parapet, et, une fois en sécurité, je suis monté sur le seuil de la maison où Zodchiy m'attendait.

Entre-temps, Ratnik et son groupe avaient terminé leur ascension, fait une petite halte puis s'étaient dirigés vers la maison près de la mosquée. On l'apprendra plus tard, mais c'était dans ce coin que s'était installé un détachement de volontaires iraniens dont l'ardeur guerrière était plus grande que celle des Faucons syriens.

Une fois sur place, Ratnik a attribué des positions à ses soldats et expliqué la suite : « Tant que les Syriens ne bougent pas, nous nous protégerons nous-mêmes. Personne ne fait un pas de plus qu'eux. »

Les mercenaires syriens, quant à eux, étaient plus occupés à chercher des objets de valeur dans les maisons vides qu'à s'acquitter de leur mission. Les résidents étaient visiblement partis en catastrophe, et, au grand bonheur des Faucons, il y avait de quoi se remplir les poches. Pour nous, ces gadgets de la vie courante ne présentaient pas grand intérêt. En revanche, lorsqu'une des pièces a révélé un coffre-fort, la tentation est devenue irrésistible. Zolotoï s'est porté volontaire en tant qu'expert en blindage et s'est mis à l'ouvrage. Un coup de mitrailleuse dans le trou de la serrure n'a rien donné, aussi Zolotoï a employé un procédé plus simple et plus grossier, en faisant péter une grenade antipersonnel sous le coffre. Grosse déception : au milieu d'une liasse de notes et de formulaires, ne se trouvaient que sept cents lires syriennes. Pour le propriétaire, ces documents avaient sûrement de la valeur, mais pour nous, soldats de fortune, ce n'était que de la paperasse sans intérêt.

Le temps s'écoulait lentement. L'attente vaine que les *sadyk* passent à l'action devenait pesante. Ratnik demandait souvent des nouvelles par radio au poste de commandement. Les autres, répartis dans plusieurs bâtiments, tuaient le temps en discutant à bâtons rompus de choses et d'autres, parfois sans aucun rapport avec la guerre.

Nous avons trouvé de l'eau, ce qui tombait à point car nos réserves étaient épuisées : l'ascension et le soleil cuisant nous avaient asséché les entrailles. Nous avions constamment soif. Maintenant, nous pouvions préparer à manger et faire du café, en partageant nos maigres provisions de nourriture.

Tout en cassant la croûte et en bavardant, Ratnik gardait les guetteurs et les éclaireurs à l'œil. Il savait détendre l'atmosphère par des plaisanteries et des remarques ironiques, mais il n'en contrôlait pas moins tout ce qui se passait et n'oubliait pas un instant qu'il était à la guerre.

Dès notre rencontre, les premiers jours, j'avais compris ma chance d'être sous le commandement d'un officier expérimenté, intrépide, possédant toutes les qualités d'un commandant de terrain. Élève de l'institut militaire, qui avait « fait ses classes » en Tchétchénie au sein des forces spéciales du GRU avant de rejoindre les rangs des mercenaires, Ratnik avait des connaissances militaires phénoménales, qu'il savait utiliser en opération. Même novice, j'avais tout de suite reconnu en lui un militaire professionnel de la meilleure trempe.

Qu'est-ce qui différencie un vrai commandant d'un dilettante ? Le chef qui manque d'expérience, si on l'informe que l'ennemi approche ou que ses hommes avancent, demandera à son subordonné de lui indiquer leur direction d'un seul geste de la main. S'il doit transférer une unité vers un autre secteur, il montrera directement à ses hommes les véhicules qui les attendent. Et pour lui, un ordre de combat ressemble à peu près à ça : « Les gars, nous allons prendre ce pont. À l'attaque, hourra ! » Ainsi, ce commandant est incapable de prendre lui-même toute la mesure de la situation ou de donner à son artillerie les coordonnées de la cible, tandis que ses hommes, devenus une foule incontrôlable, se ruent vers le pont, reviennent avec de grandes pertes, ou tombent sous les tirs, parfois même s'abattent les uns les autres.

Un professionnel, en revanche, exige d'emblée qu'on lui indique l'endroit sur la carte. Il fait lui-même les calculs de position et répartit les combattants dans les véhicules. Ses consignes précisent qui doit aller où, les limites et les frontières, les directions et la procédure. Il fait tout pour que chacun sache quel est son objectif et ne se retrouve pas là où il n'a rien à faire.

Ratnik ne fonçait pas tête baissée à l'assaut ni ne se lançait dans des courses-poursuites. Il sécurisait les offensives par des tirs d'arme lourde et gardait en permanence le contrôle de la situation. Pendant les combats, il se choisissait une place de manière à embrasser toute la scène du regard. Physiquement robuste, il supportait facilement les charges lourdes et, si les circonstances l'exigeaient, couvrait de grandes distances à pied avec ses hommes.

Comprenant tous les avantages qu'il y avait à côtoyer un homme qui ne laissait pas son ardeur guerrière éclipser son sens de la réalité, je cherchais toujours à m'inspirer de son détachement : on n'apprend à combattre intelligemment qu'en suivant un bon exemple. Depuis la sortie de groupe de Talla, je voulais réintégrer les troupes placées sous son commandement.

J'ai pris quelques éclaireurs avec moi et me suis rendu jusqu'à la mosquée. L'intérieur était dévasté par les combats : une épaisse couche d'enduit mélangée à des fragments de pierre et des morceaux de verre recouvrait le sol, les murs étaient défigurés par les éclats d'obus, les fenêtres noires de suie béaient, telles des plaies ouvertes. Mais toutes ces destructions n'avaient pas eu raison de la beauté majestueuse de l'édifice religieux. Une fois à l'intérieur, l'angoisse m'a saisi. Oui, malgré tout, je me sentais musulman, comme si c'était inscrit en moi par mes ancêtres originaires de Bachkirie, qui avaient transmis de génération en génération leur foi dans la grandeur et la bonté d'Allah. La guerre avait meurtri cette mosquée, et ça me rendait malade. Soudain, en ce lieu sacré, j'ai compris clairement, de manière tout à fait inattendue et poignante, toute la misère et la vulgarité de ce qui se passait en Syrie, où les parties en présence s'affrontaient sauvagement pour remporter des parts du gâteau national. Pouvoir, pétrole, gaz, influence géopolitique, ou encore quelques modestes possessions que son prochain avait gagnées à la sueur de son front. J'ai pensé qu'il était bien plus honnête d'être mercenaire que pseudo-patriote, défenseur de l'intérêt de la nation, rebelle opposé à « un régime sanguinaire », ou « zélateur » d'une justice sociale qui, quoi qu'on en dise, était toujours restée lettre morte.

À l'extérieur, un petit groupe de *sadyk* qui se trouvaient là par hasard se distrayait : chacun son tour, ils sortaient à découvert et tiraient une rafale en direction de l'ennemi. Cette absurde manifestation de bravoure a pris fin lorsque l'un des fanfarons, qui avait presque vidé son chargeur, s'est effondré. Quand ses camarades l'ont tiré à l'abri des murs d'enceinte de la cour, il était déjà mort. Le sniper des *doukhi* avait tranquillement attendu sa cible, pris tout son temps pour viser, et l'avait abattu, d'une seule balle.

Soudain, le rugissement d'un missile guidé s'est fait entendre depuis les positions de l'ennemi. Quelques secondes plus tard, une charge explosive transformait le puissant pick-up des Syriens, couronné d'une mitrailleuse de gros calibre, en un tas de métal informe. Ils avaient tout simplement décidé de ne pas mettre leur Jeep à l'abri, considérant que les soldats de l'Armée libre auraient d'autres chats à fouetter. Quand apprendraient-ils, ces idiots, à faire la guerre sérieusement ? Est-ce qu'en cinq ans de guerre, tous les Syriens intelligents avaient été tués ?

À la fin de la journée, il est devenu clair que les Faucons ne lanceraient pas l'assaut. Nous n'avions donc aucune raison de rester là. Si, sous le couvert de la nuit, les *doukhi* qui connaissaient chaque caillou dans ce labyrinthe de bâtisses se mettaient à avancer, beaucoup d'entre nous ne verraient pas le prochain lever de soleil. Clairement, le commandement n'avait planifié que le mouvement vers l'avant, sans penser à la suite des événements, ce qui expliquait pourquoi ni le réapprovisionnement en munitions ni l'évacuation des blessés n'avaient été prévus pour notre groupe.

Aussi, Ratnik a pris une décision : « Dès que la lumière décline, nous redescendons dans le ravin. » Il y avait une bonne raison à cela : tout l'armement que nous avions laissé à nos positions de départ était pointé vers le village et assurait notre retraite. De plus, les Faucons et les Iraniens restaient sur place. C'est ignoble à dire, mais ils pouvaient servir de distraction.

Notre progression était calculée pour que l'obscurité du ravin nous couvre environ à la moitié du trajet. Il fallait trouver un autre itinéraire car celui du matin était impraticable en descente. À travers des épineux qui s'accrochaient à nos vêtements, nous avancions à tâtons au milieu des saillies rocheuses. Plusieurs fois, il a fallu rebrousser chemin car la voie que nous suivions était sans issue.

Après une descente longue et risquée dans l'obscurité grandissante, couverts d'égratignures, et les chevilles douloureuses, nous nous sommes approchés de notre point de départ du matin. Au fond du ravin, nous avons fait une courte halte, mais rester trop longtemps au même endroit pouvait s'avérer dangereux et nous sommes repartis sans nous être vraiment reposés.

Ratnik houspillait ses soldats fatigués et affamés. La dernière montée était rude. À bout de forces, en colère, les gars, sur le point de hurler de désespoir, rampaient littéralement.

C'est alors que s'est produit un incident désagréable. Taïga, un simple soldat, a soudain crié : « Repos ! » Je l'ai mouché aussitôt, lui rappelant qu'il y avait un commandant dans le détachement. Mais plusieurs gars l'ont soutenu, crachant leur haine contre « ces officiers » incapables de planifier des combats.

J'étais scié : mes hommes, emportés par leur ressentiment pour les commandants, avaient totalement oublié que l'ennemi était proche et qu'il pouvait nous attaquer à tout moment.

Nous étions à découvert, totalement vulnérables, il fallait au plus vite quitter cette pente, s'éloigner et sauver nos vies. Dans ce genre de situations, il faut se faire violence et avancer coûte que coûte. Sans me lancer dans des remontrances inutiles, j'ai donné l'ordre de se remettre en marche. Tout le reste du chemin jusqu'à ce que nous soyons hors d'atteinte des mitrailleuses à longue portée, j'ai harcelé mes hommes, leur rappelant la proximité du danger, mais il a malgré tout fallu faire des pauses de plus en plus fréquentes, car les gars étaient vraiment épuisés et n'auraient tout simplement pas pu continuer sans un minimum de repos.

Il faisait déjà nuit lorsque nous avons atteint notre cantonnement, après avoir parcouru le dernier tronçon de chemin avec le Kamaz qui nous avait attendus là où nous l'avions laissé tôt le matin. Le déchargement a pris une éternité. Tous étaient sur les rotules et utilisaient les forces qui leur restaient, après en avoir tant gaspillées pour rien pendant cette longue et intense journée.

Une dernière nouvelle nous a achevés : Artiomka Tma avait été tué dans l'explosion d'un obus à fragmentation tiré par un canon automatique. C'était bête à pleurer. L'artilleur avait enfreint les règles élémentaires de sécurité : en cas de pause entre les tirs, le fût doit être placé à la verticale et le véhicule en retrait. Or, il n'avait reculé que de quelques mètres et n'avait pas relevé canon avant de descendre pour aller voir pourquoi rien ne se passait. Le coup était parti, projetant l'obus sur une trajectoire basse. Il s'était encastré dans l'ossature de béton armé d'une maison et avait explosé. Tma se trouvait à côté, et un éclat lui avait fracturé le crâne. C'était tragiquement simple, mais ne collait pas, dans les esprits, avec la logique de la guerre : tous ceux qui étaient partis à l'attaque étaient revenus vivants, mais le gars qui n'avait pas quitté le point de départ était mort.

Cette journée, qui s'était éternisée, et nous avait épuisés par sa charge physique et mentale, s'achevait enfin. Pour le brave Artiomka Tma, elle avait été la dernière. Mais pour tous les autres, elle serait celle de l'un des nombreux épisodes absurdes que devrait compter cette guerre.

15

LA PRISE DE KINSABBA

Descendre dans le ravin par ce sentier familier nous laissait un vague sentiment de déjà-vu : quelques jours seulement s'étaient écoulés depuis notre première tentative de prendre Kinsabba. Cette fois, nous avions laissé les Faucons du désert partir devant. Nous avions décidé de ne pas gravir la pente raide jusqu'à la crête, mais de suivre tranquillement la route sinueuse et goudronnée.

Le premier obus s'est enfoncé dans un buisson d'épineux, à quelques mètres de l'asphalte. J'ai parfaitement perçu l'explosion, de l'endroit où je me trouvais : un champignon blanc, un claquement puissant, comme un roulement de tonnerre.

Notre colonne, qui s'étirait le long de la descente presque jusqu'à l'endroit où le sentier croisait la route, s'est immobilisée. Tombés à plat ventre, nous essayions de comprendre ce que c'était : un obus perdu ? Un mortier invisible qui cherchait la bonne direction ? Une seconde explosion a retenti à peu près au même endroit, puis une troisième.

C'était clair : les *doukhi* tapaient sur une ligne calculée à l'avance pour couper aux troupes d'assaut l'accès à la route. Restait à comprendre pourquoi ils avaient ouvert le feu si tard, après que les alliés étaient passés sans encombre. Peut-être que leur guetteur avait loupé les premiers détachements et venait seulement de donner l'ordre de tirer. Ou s'agissait-il d'un tir à l'aveugle censé toucher des cibles au hasard ? L'heure n'était pas aux devinettes : la colonne est repartie droit vers la zone touchée par les obus.

Encore deux explosions, Ratnik a crié d'une voix sèche et forte : « Au pas de charge ! » Nous nous sommes élancés sur la route pour franchir au plus vite la zone dangereuse, le souffle coupé par le poids des armes et des munitions que nous transportions.

De temps en temps, nous rencontrions des petits groupes de *sadyk* qui marchaient dans la direction opposée, ce qui ne nous étonnait plus. Au début, de telles scènes nous indignaient, mais peu à peu, au fil de nos opérations conjointes dans les montagnes autour de Lattaquié, nous nous étions tous habitués à voir des Faucons ou des « Tigres », fatigués de se battre, qui, par dizaines, se traînaient à l'écart du front.

La route se scindait pour contourner de part et d'autre une petite pagode proprette, demeurée intacte. Le toit de tuiles rouges, à la forme si caractéristique, chatoyait sur ce fond de pentes rocailleuses. Cet édifice, issu d'une culture tout à fait étrangère, apparu Dieu sait comment dans cette contrée arabe, réjouissait l'œil par son exotisme.

À la bifurcation, il a fallu s'arrêter pour décider de la direction à prendre. Zodchiy a essayé de nous expliquer par radio l'itinéraire que son détachement avait suivi, mais tout ce que l'on a réussi à comprendre, c'était qu'il fallait prendre à droite de la pagode. Cette fois, je faisais partie du groupe de tête, avec Ratnik. Quelques mètres plus loin, la route se partageait en trois, et aucune des indications de Zodchiy ne nous permettait de savoir quel chemin était le bon.

Entendant Ratnik déplorer l'incapacité des éclaireurs à décrire un itinéraire, j'ai haussé les épaules. Qu'est-ce que j'y pouvais, moi ? Même en soumettant les mercenaires aux exercices les plus intensifs lors de leur préparation au camp d'entraînement, jamais ils n'atteignent le niveau d'un élève d'une école militaire. Les futurs officiers apprennent d'entrée de jeu à faire des rapports précis sur la situation des combats, on leur enseigne le vocabulaire et les tournures de phrase nécessaires à la description complète des événements. Aux conscrits, on n'explique rien de tout cela. Par conséquent, en rejoignant les rangs des mercenaires, même des gars tout à fait corrects sont incapables de rendre compte des choses avec exactitude.

Après une courte hésitation, nous avons décidé de traverser le petit jardin qui jouxtait la pagode pour parvenir au sommet de la montagne. Les frondaisons des arbres nous offraient le couvert, et de nombreuses cavités et saillies permettaient de s'abriter en cas de tirs.

Une fois en haut, avec une vue dégagée sur les alentours, nous avons vite trouvé la bonne direction. Une heure plus tard environ, une autre fourche nous attendait, mais à cet endroit, un panneau indiquait Kinsabba. De là, on distinguait déjà les petites maisons des faubourgs, très proches, à cinq cents mètres. Des pick-up étaient stationnés à proximité, et des gens s'agitaient tout autour. Il était impossible de savoir si c'étaient nos alliés ou l'ennemi. Par précaution, nous nous sommes préparés au combat.

Ratnik a appelé par radio le général russe qui suivait la mission, puis nous a expliqué : « Les alliés sont entrés dans Kinsabba. Apparemment, puisqu'on n'entend pas de coups de feu, il n'y a déjà plus de *doukhi*. »

Comme toujours dans cette guerre, personne parmi les commandants alliés n'avait tenu compte des mercenaires russes, personne ne nous avait informés de l'évolution de la situation. Pour les généraux syriens, les unités d'infanterie n'étaient qu'une masse informe qu'on pouvait envoyer au combat sans égard pour sa sécurité. La seule chose qu'ils respectaient et devant laquelle ils s'inclinaient, c'était l'aviation et l'artillerie russes, qui pouvaient faire basculer l'issue de n'importe quelle bataille en leur faveur. L'infanterie n'avait plus qu'à achever un ennemi presque entièrement anéanti par les bombes. Partant de là, ils ne prenaient jamais la peine de coordonner leurs formations avec les détachements de mercenaires russes et se moquaient bien de ce qui pouvait arriver si des soldats de fortune, privés d'informations fiables, rencontraient des hommes armés sur leur chemin.

Ratnik a décidé d'entrer dans la ville par la route. D'après le rapport de Zodchiy, les collines entourant Kinsabba étaient sous le contrôle des islamistes libanais du Hezbollah. Zodchiy, qui s'était lui-même posté sur une hauteur, surveillait les abords et les rues de la ville.

Abandonnée par ses habitants, détruite par les combats, Kinsabba offrait un spectacle déprimant. La guerre n'avait laissé que des ruines des charmantes maisons de pierre, autrefois ornées de marbre.

Les *sadyk* s'occupaient à piller les maisons. Mais d'autres détachements de l'armée gouvernementale approchaient, et les rues s'emplissaient d'hommes en tenue de camouflage. Les soldats syriens formaient de petits groupes et scandaient des slogans victorieux en agitant des drapeaux. Il y avait de plus en plus de voitures, et des journalistes, armés de caméras et de micros, ont fait leur apparition au milieu des militaires. Ils se sont aussitôt mis à interviewer tous ceux qui passaient à proximité. Ceux qui étaient filmés prenaient la pose avec leur arme et concluaient systématiquement leurs propos par les sempiternels appels au peuple. Les médias n'arrivaient jamais seuls, ils étaient toujours accompagnés par un commandant syrien. Celui-ci prononçait d'abord face caméra un discours héroïque, filmé sous un angle avantageux, puis se laissait étreindre par un simple soldat, qui semblait fou de joie.

Nous frayant avec difficulté un chemin à travers cette foule en liesse, nous essayions d'identifier les positions propices à la défense au cas où l'ennemi n'aurait abandonné la ville que pour lancer une contre-attaque surprise. Les officiers turcs qui commandaient les unités de l'Armée syrienne libre usaient souvent de cette tactique. Et puis, nous devions à tout prix éviter d'entrer dans le champ des caméras, il fallait entretenir le mythe de formations gouvernementales syriennes agissant seules.

Dans cette atmosphère d'apothéose, une première rafale de mitraillette a déchiré l'air, puis une autre, puis toutes les armes à feu ont salué la victoire dans un bruit de tonnerre. Au milieu de cette cacophonie, on distinguait clairement le hurlement puissant d'un Zenit qui gaspillait ses munitions. Au même moment, nous avons remarqué une colonne de fumée blanche qui s'élevait entre des maisons en ruines de l'autre côté de la rue.

Une explosion a suivi. Des tirs ont retenti pendant quelques minutes, mais heureusement pour nous, l'ennemi semblait faire feu sur une cible déterminée à l'avance, à partir de coordonnées précises, sauf que la direction du vent et la température de l'air avaient changé : les obus tombaient à côté de la route et des bâtiments, et il n'y avait personne pour corriger le tir.

Le pilonnage avait un peu refroidi la fête mais, dès que les obus ont cessé de tomber, la foule a de nouveau inondé la route, et les véhicules qui arrivaient sans discontinuer formaient des embouteillages dans toutes les rues. Indifférents aux Syriens en liesse, nous avons commencé à fortifier une position près d'une rue qui surplombait tout Kinsabba. Sur l'ordre de Ratnik, nous avons installé à la hâte nos mitrailleuses lourdes et nos lance-roquettes, prêts à tirer à tout moment. Ratnik m'a également envoyé à l'entrée de la ville pour réceptionner nos armes lourdes. Le vieux GAZ, tout esquinté par les combats et les campagnes, ahanait en grimpant la côte. Il a fini par arriver au point de rencontre après avoir traversé la foule. Sans perdre de temps, nous avons déchargé l'armement et les munitions supplémentaires. J'ai demandé à Ratnik un pick-up pour apporter des vivres et des vêtements chauds aux éclaireurs de Zodchiy, qui allaient devoir passer cette froide nuit de février au sommet de la montagne. Plutôt que de l'attendre, je suis parti à la rencontre du véhicule (appelé par radio). Traverser la foule des *sadyk* était difficile, même à pied. En atteignant la route, j'ai vu des chars serpenter lentement dans la montée, rugissant sous l'effort, leurs chenilles crissant. Bonne nouvelle, quelqu'un avait pensé à envoyer des renforts aux alliés qui s'égayaient en ville. Cependant, j'avais du mal à imaginer comment les chars parviendraient à rejoindre leur position de combat à travers les rues noires de monde. Les Syriens ne comprenaient pas qu'il était important de ne pas encombrer les voies d'accès au front. Mais leur armée ne comportait même pas de service dédié aux communications, si bien qu'à certains moments, les routes syriennes se transformaient en bruyants souks orientaux, les marchands de tapis en moins. Si les *doukhi* lançaient leur contre-attaque maintenant, les troupes d'Assad seraient décimées. Une offensive soudaine transformerait cette scène de joie en carnage. Il n'y a rien de plus simple que d'incendier des chars avec des missiles. Pas besoin d'être stratège pour le comprendre. À cet instant, nous étions les seuls soldats prêts au combat.

Kinsabba était tombée. Et nous, nous avions perdu deux hommes : le jeune Andrioukha Tma et le vétéran Tchoub. La liesse débridée des *sadyk* ne faisait qu'amplifier mon vide intérieur. Le prix de ces victoires était beaucoup trop élevé...

16

RENCONTRE AVEC LES ISLAMISTES

Dans la province de Hama, les raids incessants de divers groupes armés avaient vidé de ses habitants cette bourgade si proche du front. Désertée dès les premières opérations, elle a salué notre arrivée par un silence de mort. La nuit était tombée quand la colonne s'est engouffrée dans ses rues sombres. Le peloton des éclaireurs faisait partie du groupe de combat, y compris le commandant en chef Zaliv et le chef de tous les éclaireurs de la SMP, Biker en personne. Avant d'arriver dans la région, les éclaireurs avaient pas mal bourlingué dans la province de Hassaké, à l'est de l'Euphrate.

Nous avions été envoyés sur ce territoire presque coupé des régions contrôlées par les forces gouvernementales avec pour mission d'appuyer l'offensive des détachements formés par les cheikhs locaux. Ceux-ci avaient longuement marchandé, exigeant des armes et des munitions, mais, une fois que tout ce qu'ils avaient demandé leur avait été livré, il s'est avéré qu'il n'y avait aucune milice populaire, à l'exception d'une petite troupe de contrebandiers et de déserteurs de l'armée régulière. Les cheikhs n'étaient pas en mesure de former des unités de combat. Mais quelqu'un, dans la direction du contingent russe en Syrie, avait eu la bonne idée d'attirer de notre côté les tribus locales et de s'en servir pour monter une opération médiatique mondiale. Lorsque l'échec de ce nouveau stratagème géopolitique était devenu évident, les éclaireurs avaient été dépêchés à la hâte dans la province de Hama, théâtre à l'époque des principaux affrontements avec les combattants de l'État islamique.

Le groupe de mercenaires désignés pour cette mission réunissait différentes unités et devait agir en deux temps. Dans la première colonne, les éclaireurs, les artilleurs et les conducteurs de chars ont emprunté les rues désertes jusqu'à l'ancienne usine en ruines. Dans ce secteur, il y avait un général des fédéraux avec sa propre artillerie, plus une équipe de commandement et un peloton d'infanterie de marine. Le général nous a indiqué où nous placer, a donné l'ordre de positionner un char en observation sur l'une des collines qui entouraient la ville, puis s'est limité à des explications sommaires : « Là-bas, c'est l'EI, et là, c'est Al-Nousra. Installez-vous, organisez votre défense, pour le reste, on verra demain matin. » Le vétéran des mercenaires, l'officier d'état-major Baltik, n'a pas osé poser plus de questions.

Nous avons déchargé à la hâte car il fallait renvoyer les véhicules chercher le reste du groupe. À l'une des extrémités du long bâtiment de l'usine, nous avons entreposé les munitions ; à l'autre les provisions et tout notre barda. Un char a été placé à l'endroit indiqué, l'autre est resté près des ruines de l'usine. Les artilleurs ont installé leur Grad[1] devant le dernier bâtiment intact de manière à pouvoir changer de position et couvrir les deux directions indiquées par le général. Non loin de là, dans une cuvette, s'étaient établis les tireurs au mortier. Après avoir placé les sentinelles, nous avons pris nos quartiers pour la nuit tant bien que mal afin de profiter de cette accalmie pour nous reposer.

À l'approche de l'aube, une puissante salve d'obus a retenti dans le secteur de l'usine, puis des explosions ailleurs dans la ville : les *doukhi* avaient commencé à pilonner de deux côtés simultanément pour couper les troupes engagées dans la ville du gros des forces en réserve. Dans le secteur du checkpoint de l'armée syrienne, qui dominait la canonnade, une voiture piégée, une « djihad-mobile », a explosé dans une gigantesque colonne de poussière et de cendres, projetant de tous côtés des fragments de blindage. Un second véhicule rempli d'explosifs s'est engouffré dans la nouvelle brèche qui avait été créée, et cherchait à atteindre

---

1. Le Grad est un système de roquettes à lancement multiple.

l'enceinte de l'usine où nous étions établis. Dans l'agitation générale, personne n'avait tenté de l'arrêter. Le conducteur du pick-up des artilleurs antichars, ayant distingué dans le tumulte le capot du véhicule piégé bondissant entre les ornières, n'a pas tergiversé : il a pressé l'accélérateur, et s'est jeté hors de la cabine. Par la force d'inertie, le châssis avant du véhicule a continué sa course, franchi ce qui restait de l'enceinte bétonnée et le pick-up, enfin, s'est immobilisé, posé sur le « ventre », bloquant complètement le passage. Rattrapé par le souffle de l'explosion alors qu'il cherchait à se mettre l'abri, le conducteur a fait un tour complet en l'air et atterri dans un cratère. Les islamistes qui se ruaient sur nous de toutes parts furent arrêtés par le feu du Hezbollah et des fédéraux. Le général russe a abandonné le commandement pour se concentrer sur la seule infanterie de marine, oubliant tous les autres. Mais il s'est montré courageux, il a organisé la défense du peloton et repoussé la première attaque de l'ennemi depuis sa position.

Biker a vite compris qu'aucun ordre ne viendrait du général et que chacun devait assurer seul sa défense. Alors que Baltik semblait prêt à céder à la panique, Biker a rapidement pris ses marques et donné l'ordre de se retirer vers la petite colline proche de l'usine, pour s'organiser. Baltik a tenté de proposer qu'on se batte à l'intérieur de la ville, mais le chef des éclaireurs l'a rembarré sans hésiter :

— Nous ne sommes absolument pas prêts au combat de rue, ils nous écraseront un groupe après l'autre.

Puis, Biker a appelé Zaliv et s'est dirigé au pas de charge vers les artilleurs qui s'apprêtaient à décharger le Grad par la brèche dans l'enceinte de l'usine. Les conducteurs de chars ont demandé à Biker l'autorisation d'amener un second char sur le plateau qui avait déjà accueilli notre premier T-90.

— Pour quoi faire ? Biker ne comprenait pas.

— Parce qu'il faut faire descendre celui qui est là-haut. Il n'a plus de batterie : le général a donné l'ordre d'observer à la lunette de vision nocturne, mais sans faire tourner le moteur.

Le courageux commandant du peloton, tout bardé de ses galons de général, n'avait pas écouté, à l'académie militaire, quand on avait expliqué qu'un appareil de vision nocturne vide une batterie en quelques heures seulement. Les tankistes, n'osant pas lui désobéir, avait respecté à la lettre son ordre d'observer les alentours. Et maintenant, les batteries étaient à plat. Dès que notre second char est arrivé, les Zenit des *doukhi* ont commencé à frapper de tous les côtés. Les tankistes ont couru à l'abri sous un parapet en contrebas. Remorquer le char vers la vallée n'était déjà plus possible : les obus à fragmentation des *doukhi* empêchaient d'accéder au véhicule de combat immobilisé. Le mécanicien du second char a reconduit son engin au pied de la montagne. À cet instant, illuminant les ruines de l'usine et soulevant un nuage de poussière, notre Grad s'est mis à cracher en direction de l'ennemi dans un hurlement assourdissant.

Pendant ce temps, les mercenaires, exécutant l'ordre de Biker, avaient occupé une position défensive élevée. Ils avaient apporté tout ce qu'ils avaient pu sauver. Le char, les mortiers, les missiles antichar, tout était en état de marche, tandis que les éclaireurs préparaient à la hâte les positions défensives. Un rapide échange avec les commandants des autres divisions a confirmé que nous n'avions pas perdu un seul homme. Tout le monde était vivant et, hormis le conducteur du pick-up, qui souffrait d'une forte commotion, il n'y avait aucun blessé. En faisant le tour des postes pour distribuer des ordres, Biker et Zaliv sont tombés inopinément sur un groupe d'alliés abandonnés par leurs commandants, de simples soldats du régiment libanais, qui, sans hésiter, sont passés sous commandement russe. Ensuite Biker s'est attaqué au problème du char bloqué au sommet. Nous ne pouvions, en aucun cas, laisser ce tout nouvel engin russe aux mains des *doukhi*. Au pire, nous devrions le détruire. La batterie antichar a rapidement été déployée en direction du sommet. Une fois l'objectif fixé sur la cible, l'opérateur, a hurlé :

— Putain, la tourelle grouille de *doukhi* !

— Liquide-moi ce char ! cria Biker.

Le premier missile a produit un claquement assourdissant. La charge est tombée pile sur le véhicule. Mais sans faire de dégâts visibles, même à la jumelle. Deuxième missile. À nouveau dans le mille, là encore sans résultat. Les *doukhi* s'étaient éparpillés loin du char, de peur que le stock de munitions à l'intérieur n'explose. Sans gaspiller nos munitions, nous avons réussi à chasser les djihadistes des ruines de l'usine, faciles à mitrailler depuis le sommet de la colline. Les *doukhi* ont tenté de nous prendre à revers en grimpant par l'autre flanc, mais là encore se sont heurtés à notre tir nourri. Au cours de la journée, les islamistes essaieraient plusieurs autres fois de passer à l'attaque, mais finiront par battre en retraite, sous la pression des alliés et de l'aviation arrivés à la rescousse.

La bataille était terminée. Les mercenaires fatigués juraient en déblayant les amas d'obus usagés, séparant ce qui pouvait être sauvé de ce qui était bon pour la casse. Dieu merci, tout le monde était vivant, malgré la pluie de grenades et d'obus, malgré les Zenit et les mitrailleuses. C'était un succès inouï. En examinant le char, épargné par miracle, nous étions emplis de fierté pour l'industrie militaire de notre pays. Certes, la tourelle portait des traces d'impacts, mais insignifiantes : la culasse fissurée, des éclaboussures de suie, mais aucune brèche. En une demi-heure, les batteries étaient changées, et le char s'est ébranlé, déclenchant des cris de joie. L'attaque avait été repoussée grâce à un effort collectif. Désormais, l'effectif des forces armées de Russie comptait un peloton d'infanterie de marine qui avait reçu un vrai baptême du feu et dont les soldats, à leur retour au pays, pourraient dire sans rougir : « Nous avons combattu pour de vrai. »

17

LE KOPECK

C'était début mars 2016, au troisième mois de la mission… Tout en haut, au niveau du gouvernement syrien et du commandement russe, la décision avait finalement été prise de mener une opération militaire de grande envergure pour libérer Palmyre. L'une des plus riches cités du monde antique, la perle du royaume hourrite, devait son surnom de « fiancée du désert » à sa beauté et à sa majesté. Palmyre était un lieu symbolique et, pour Assad, la reprendre à l'ennemi était une question d'honneur. Pour participer à l'opération, on avait rassemblé le gros des troupes de l'armée syrienne, des SMP locales, mais aussi l'aviation et les forces spéciales russes et, bien entendu, les mercenaires, rappelés de tous les autres secteurs et regroupés, au grand complet.

Nous devions opérer à l'écart des alliés, ce qui nous convenait parfaitement. Notre précédente expérience avec les *sadyk* nous avait montré que nous n'avions pas les mêmes valeurs et que, dans une vraie bataille, ils nous compliquaient plutôt la tâche. Dans nos rangs, tout le monde, du simple soldat au commandant en chef, comprenait que nous étions sur le point d'affronter un ennemi redoutable. L'ossature de l'EI était constituée d'anciens militaires de carrière de l'armée irakienne et de fanatiques zélés venus du monde entier, tous possédaient une considérable expérience du combat. L'EI avait des chars, des dispositifs d'artillerie militaire, des mortiers standard, des pick-up rapides équipés de mitrailleuses. Ils avaient aussi en abondance des lance-grenades, des armes à feu et des stocks inépuisables de munitions, récoltés auprès des armées d'Irak et de Syrie. Durant toute la guerre, les canaux clandestins d'approvisionnement permettant l'échange d'armes et de munitions contre le pétrole extrait dans les territoires occupés par les djihadistes ne se sont jamais taris. Provenant des entrepôts militaires, l'ensemble de l'armement des djihadistes avait été produit dans des usines. Ils n'avaient eu aucun besoin, contrairement aux rebelles syriens, de fabriquer leur propre matériel.

Au cours des années où il avait contrôlé toute la plaine vallonnée et, au-delà, les chaînes de montagnes qui s'étendent à l'est de Homs, l'EI avait tiré le meilleur parti des spécificités locales et s'était sérieusement préparé à la possibilité d'un siège. Les niches et les tunnels creusés dans les falaises, les tranchées et les fortifications de béton armé, tout cela assurait, pour les hommes et le matériel, des abris contre les raids aériens et les pilonnages. Leur connaissance du terrain leur donnait l'avantage stratégique, tandis que leur fanatisme augmentait leurs capacités défensives.

Ce jour-là, nous étions partis à l'heure prévue. Notre mission était de mener une reconnaissance technique de l'itinéraire envisagé pour le mouvement des troupes. Le matin, après avoir conclu un solide petit déjeuner par mes rituelles tasse de café et cigarette, je suis allé retrouver mes éclaireurs qui attendaient d'embarquer dans le Kamaz. Je les ai salués d'un geste de la main et me suis dirigé vers le pick-up que le commandement m'avait finalement accordé, après tant de sollicitations et de réclamations. Les véhicules se sont ébranlés, derrière le transport blindé des sapeurs, en direction d'une chaîne de montagnes qu'on distinguait à peine à l'horizon.

Le vieux BTR, qui avait connu des jours meilleurs, n'avançait pas très vite et nous avions le temps de découvrir les paysages qui s'étendaient de part et d'autre. Ils me rappelaient l'Ouzbékistan de mon enfance, avec les mêmes espaces déserts et les contours bleus des crêtes au loin. Mais dans mes souvenirs, il n'y avait pas de checkpoints le long de la route, ni de canons ni de mitrailleuses lourdes dépassant des fortifications.

Le long de la route du front, suivant les méandres de l'asphalte, courait un oléoduc.

De temps en temps, on croisait des stations de pompage. Nous nous trouvions dans une zone de gisements pétroliers, et la lutte pour leur contrôle faisait couler beaucoup de sang depuis plusieurs années. Pour la millième fois, je me suis dit que le pétrole était justement l'une des causes principales de cette guerre interminable. Le pétrole, ou plutôt l'argent qu'il rapporte, attirait une foule de gens, d'aventuriers médiocres et d'hommes d'affaires sans envergure jusqu'aux grandes puissances qui cachaient leurs vrais motifs derrière des slogans sur la démocratie et le droit des États à la souveraineté et l'autodétermination.

Tout le monde a besoin d'argent. Certains pour construire leur maison, élever leurs enfants et profiter de l'amour de leur femme. D'autres pour conquérir le pouvoir, acquérir des richesses absurdes et donner libre cours à leurs plus bas instincts. Les uns gagnent leur pain à la sueur de leur front, risquant leur vie tous les jours ; les autres, ceux qui les utilisent, « font l'histoire » depuis leurs confortables bureaux sécurisés.

Après quarante minutes de route, nous sommes arrivés à destination. Après avoir dissimulé les véhicules – l'ennemi n'était qu'à quatre kilomètres –, nous nous sommes mis en marche suivant l'itinéraire arrêté. La ligne de démarcation n'était pas continue. Dans notre lente progression à la suite des sapeurs, nous scrutions les alentours et tentions de nous familiariser avec ce secteur inconnu. Après un croisement, commençait la zone d'exclusion. À cinq cents mètres devant nous, la route était coupée par une tranchée. Au-delà, s'étendaient les positions des *doukhi*. Les éclaireurs se sont arrêtés, ont appelé le commandement et attendu les ordres. C'est alors que l'un des sapeurs est venu trouver son chef pour lui montrer ce qu'il avait trouvé.

Le détecteur de mines avait réagi à ce petit objet plat parfaitement rond. Ceux qui étaient proches et pouvaient l'examiner n'ont pu retenir un soupir d'étonnement : « Eh ben, ça alors ! » Si le sapeur nous avait montré le vestige d'une civilisation tombée dans l'oubli, notre stupeur n'aurait pas été plus grande : il tenait une pièce soviétique de dix kopecks, frappée en 1957, sans doute perdue par un conseiller militaire ou un spécialiste civil lors d'une mission en Syrie du temps de l'URSS. Et aujourd'hui, au siècle suivant, un mercenaire russe l'avait trouvée. C'était le destin de cette pièce que de rentrer au pays.

On s'est passé la trouvaille de main en main pendant plusieurs minutes. Les gars la regardaient comme s'ils avaient retrouvé un bon copain perdu de vue depuis longtemps. C'était comme si la pièce nous passait le bonjour de ceux qui s'étaient trouvés ici avant nous, nos pères, nos grands-pères. Elle semblait irradier, illuminant nos visages mal rasés. Oui, l'argent est un monstre qui dévore l'âme, mais parfois aussi il peut la réchauffer.

Soudain, la radio a transmis l'ordre de faire demi-tour, et nous avons rapidement rebroussé chemin. De retour à la base, j'ai immédiatement noté l'abattement et l'étrange colère qui s'étaient emparés de tous les mercenaires. La cause en était un avion russe, notre intrépide Yastreb (faucon), qui avait piqué pile au-dessus de nos positions. Il avait lâché une bombe qui, bien entendu, suivant la loi de Murphy, était tombée dans le mille. L'avion avait ensuite fait demi-tour pour revenir à l'attaque. L'ajusteur aérien délégué auprès des mercenaires avait tenté de contacter le pilote, en vain, et il avait péri avec d'autres mercenaires lorsque la puissante bombe avait explosé. Leurs dépouilles n'avaient même pas été retrouvées. Une colonne entière de blessés, membres arrachés et tripes à l'air, avait été évacuée à la hâte dans l'espoir d'en sauver au moins quelques-uns. Bien décidés à mettre ce pilote en charpie, les mercenaires dans leur furie se sont rués sur la base aérienne de Tiyas (T-4) toute proche, où un contingent d'aviation russe était cantonné. Les pilotes se sont immédiatement désolidarisés de leur collègue, expliquant qu'il était sûrement rattaché à la base principale de Hmeimim. En fait, le commandement de la division avait mis l'abruti en sécurité, hors de notre portée. Il est resté impuni. Peut-être qu'en ce moment même, quelque part en Russie, il est en train de raconter ses prouesses dans le ciel de Syrie.

18

UNE BATAILLE PERDUE

Au printemps 2015, l'EI avait conquis la majeure partie de la province de Homs et avait revendiqué l'avoir en son pouvoir exclusif. Puis, les islamistes avaient utilisé la vaste chaîne de montagnes toute proche pour créer autour de Palmyre un puissant réseau de fortifications, de champs de mines et de routes carrossables. Une façon de se prémunir contre toute tentative de reconquête par le pouvoir syrien. Notre objectif était de percer la défense des *doukhi* puis de s'emparer de leurs positions en profondeur, jusqu'à la route de Deir ez-Zor. Les régiments de mercenaires s'étaient avancés jusqu'à la ligne de front et immobilisés, prêts à franchir les fortifications de l'armée syrienne pour avancer sur l'ennemi. Les avant-postes des *sadyk* couraient le long d'une limite naturelle que formaient des collines. Au pied de cette redoute se trouvait une carrière abandonnée, encombrée de rochers. Les djihadistes avaient eu le temps de se préparer à une offensive des forces gouvernementales.

Depuis cette position élevée, ils pouvaient se dispenser d'aller à la pêche aux informations : dans ce désert où le passage des véhicules soulevait d'épais nuages de poussière, tous les mouvements dans la plaine alentour étaient visibles comme sur la paume de la main.

Après un court pilonnage, les alliés ont attaqué les premiers, mais, parvenus sur les contreforts des montagnes, ils ont été accueillis par des tirs de mitrailleuse, et ont reflué, laissant derrière eux sur les rochers quelques corps inanimés. L'artillerie s'est remise à l'ouvrage. C'était au tour d'un groupe de mercenaires d'avancer, mais un tir nourri et des explosions d'obus les ont stoppés net : au vrombissement des mitrailleuses s'était ajouté le rugissement d'un Zenit ennemi. Le Soukhoï, appelé à l'aide, a bombardé l'endroit indiqué avec précision, mais sans résultat. Les mitrailleuses lourdes et les Zenit semblaient toujours tirer de nulle part.

Les mercenaires ne disposaient pas des moyens modernes de repérage qui auraient pu permettre de réduire à néant la défense ennemie. Le contingent russe en Syrie possédait ce genre de dispositif, évidemment, mais ne s'en servait quasiment jamais pour ses opérations. Il y a une mauvaise habitude dans l'armée : protéger tout équipement neuf et coûteux, éviter à tout prix de le casser par mégarde ou de le perdre au combat, et échapper ainsi aux foudres des supérieurs. Depuis la nuit des temps, les généraux russes considèrent que la vie d'un soldat ne vaut rien, alors qu'il faut rendre des comptes pour le matériel. De mon côté, je n'arrivais pas à me défaire d'une certaine angoisse. La hâte et l'agitation extrêmes du commandant du régiment, auquel mon groupe d'éclaireurs était rattaché, m'empêchaient quasiment de suivre ses déplacements. Je devais sans cesse lui rappeler que j'étais là, mais il était occupé à organiser l'offensive. Il n'avait appris notre affectation auprès de lui qu'au tout dernier moment : il n'avait pas de temps pour nous.

Le commandant des troupes d'assaut avait son propre schéma d'action, bien rodé, qui excluait totalement les éclaireurs. Nous trouver une place dans sa formation et choisir à quel moment nous solliciter n'était qu'un casse-tête de plus. Une douzaine de combattants supplémentaires qui n'avaient qu'un armement léger, exercés à remplir des objectifs bien différents, ne lui apportaient pas grand-chose. « Vous prendrez le deuxième échelon », a-t-il finalement décidé avant de nous quitter. Guérassim, dont je dépendais cette fois, a ajouté subitement de la tension à la nervosité ambiante : il s'indignait qu'une fois de plus les éclaireurs doivent accomplir un travail éloigné de leur spécialité. Je partageais son avis. Notre boulot était d'identifier les cibles et les itinéraires. Mener des actions coordonnées dans le deuxième échelon d'un régiment inconnu pouvait susciter une foule de problèmes. Mais je savais aussi qu'engager le débat avec un supérieur juste avant une attaque ne servait à rien.

C'était courir le risque qu'il nous soupçonne de vouloir échapper au combat. J'ai promis que nous allions nous adapter sur le tas, venant en appui quand ce serait nécessaire, et reprenant notre rôle d'éclaireur le reste du temps. L'objectif était fixé, à nous maintenant de l'atteindre.

Nous étions d'humeur exécrable. Nous devions monter à l'assaut des positions de l'EI sans rien en savoir. De plus, il nous fallait gravir des pentes totalement à découvert, sans aucun pli de terrain pour s'abriter. Un mortier tirait sans discontinuer depuis une position inconnue, comme pour se moquer de nous. Chaque fois qu'une bombe tombait du ciel ou qu'un obus explosait, il recommençait, encore et encore, à arroser nos positions.

Après des tentatives infructueuses de le réduire au silence depuis les airs et le sol, les Syriens ont sorti un char de son abri pour ouvrir le feu sur toutes les hauteurs alentour, soulevant une colonne de poussière, dans un fracas assourdissant. Mais le char tirait à l'aveugle, cherchant intuitivement à définir la position du mortier, et cela ressemblait plus à un acte désespéré qu'à une action réfléchie. L'espoir de viser juste était minime, et on risquait de perdre le char : pour les *doukhi*, balancer dessus un missile antichar aurait été une formalité.

Max a préparé son drone. Le commandant du régiment d'assaut s'est étonné en découvrant l'appareil quadrirotor : il n'avait même pas pris la peine de s'enquérir de l'équipement dont nous disposions. Les données rapportées par notre « libellule » nous ont donné encore plus matière à réflexion. Sur l'écran de l'ordinateur portable on voyait clairement, reliées par des passages souterrains, des positions équipées aussi bien pour des tireurs isolés que pour abriter différents types de matériel. Des silhouettes sombres se déplaçaient dans les tranchées. Les positions destinées aux équipements pouvaient à tout moment accueillir des mitrailleuses montées sur des pick-up ou même des chars cachés quelque part dans les montagnes. Personne ne pouvait dire à coup sûr de quelle quantité de véhicules de combat l'EI disposait sur ce secteur du front. Leur défense avait été scrupuleusement constituée, et prendre ce secteur d'assaut de but en blanc, sans plus de préparatifs, semblait déraisonnable et précipité.

Pendant que nous essayions de comprendre comment leurs forces étaient disposées, nous avons complètement oublié que les *doukhi* nous observaient, eux aussi, et attendaient le bon moment pour contre-attaquer.

La première explosion a retenti pile devant le parapet qui abritait les mercenaires. La deuxième, loin derrière. Toutes les autres ont visé juste, en plein milieu des assaillants. D'un coup, ça a été le branle-bas de combat. Les soldats proches du point d'impact des obus mais encore vaillants transportaient les blessés et les morts dans les véhicules, prodiguant les premiers soins à ceux qui respiraient encore. Les autres ont reçu l'ordre de reculer jusque dans la carrière, à l'abri des grands blocs de granit.

Au moment de l'explosion, je me trouvais sur la crête de la fortification, en train d'étudier le terrain devant moi aux jumelles. J'ai senti quelque chose de dur et lourd heurter mon casque. Sonné, j'ai glissé le long de la pente en luttant contre la nausée et une soudaine faiblesse générale. Puis je me suis appuyé à un bout de mur près d'un bunker. Pendant quelques minutes, j'ai observé ce qui se passait autour de moi, mais tout me semblait lointain. Je ne parvenais pas à reprendre mes esprits. Max est venu à mon secours et m'a tendu des sels à respirer. J'ai donné l'ordre à mon groupe de se replier. Mais un nouvel obus est tombé. Dans le talkie, j'ai entendu que trois éclaireurs avaient été blessés, mais légèrement, à mon plus grand soulagement.

Le choc définitivement passé, j'ai appelé mon pick-up pour être évacué. Les tirs se poursuivaient, les *doukhi* avaient engagé tout leur armement lourd. Après les explosions, on a entendu le sinistre chuintement d'un moteur à réaction et des tirs de SPG-9.

— Ce n'est pas de l'artillerie à longue portée, ni même un lance-grenades qu'on peut cacher pour des tirs plongeants. Ils sont quelque part à proximité, mais on n'arrive toujours pas à les repérer, me dit Boot.

On avait merdé dans les grandes largeurs.

Il n'y avait pas eu de reconnaissance en bonne et due forme, pas de plan d'action précis, on avait concentré trop d'hommes sur la ligne de front : nous n'avions eu que ce que nous méritions. Il fallait le reconnaître, même si la défaite était cuisante. Le premier round de la bataille pour Palmyre allait aux djihadistes.

19

AUX ABORDS DE PALMYRE

Les combats autour de Palmyre ont été acharnés. Les djihadistes s'accrochaient de toutes leurs forces à chaque sommet, résistant de leur mieux à la poussée des mercenaires. L'EI, ce n'était pas l'armée de Bachar al-Assad, ni l'Armée syrienne libre, ni même Al-Nousra. C'était un adversaire fort, très organisé, discipliné et bien armé, impitoyable jusqu'au sadisme, méprisant la mort. Les appels à la guerre sainte et au califat universel avaient attiré un grand nombre d'hommes qui, conformément à la doctrine de leurs idéologues, devaient sans états d'âme tuer les infidèles et se tenir prêts à sacrifier leur vie. Sans s'entêter dans les offensives, ils attaquaient hardiment et passionnément, lançant les kamikazes en premier. En défense, ils s'arrêtaient bien avant leur dernière cartouche et n'avaient aucun scrupule à reculer, mais à chaque instant il nous fallait anticiper une contre-attaque sur plusieurs flancs simultanément.

Sous un soleil de plomb, nous étions depuis trop longtemps en position sur la ligne de front, et l'attente menaçait d'anéantir notre détermination à prendre d'assaut la forteresse des *doukhi*. Un ordre sans appel de Beethoven a mis fin à toutes les discussions sur le moment et la manière d'attaquer : il fallait passer immédiatement à l'offensive, sur les deux flancs à la fois, à droite le régiment de Ratnik avec les éclaireurs, à gauche le régiment de Nikola.

Les troupes d'assaut et les éclaireurs se sont rapidement formés en colonne pour monter sur la crête et, au signal de Ratnik, se sont mis en marche. À notre droite, les grenades de Brity couvraient chaque saillie de terrain, chassant les *doukhi* de l'autre côté de la crête et déjouant leurs tentatives de nous prendre par ce flanc. Nous nous préparions au combat. Les uns faisaient le signe de croix, les autres adressaient une prière à Allah, d'autres encore se contentaient d'insulter l'ennemi. Nous étions tous différents mais, à cet instant, nous ne faisions plus qu'un, une communauté de frères.

Une demi-heure plus tard, nous étions au pied de la montagne. Sans faire de halte, nous avons entamé la montée vers les fortifications de l'ennemi. Le sommet que nous devions atteindre disparaissait de temps en temps derrière les explosions d'obus de canons automatiques : Tchorny et Zet, restés en bas pour couvrir notre ascension, visaient juste et repoussaient les défenseurs dans les grottes.

Parvenue en haut de la première côte, la colonne de Ratnik s'est divisée en deux : à gauche, ses éclaireurs commandés par Inostranets, un jeune gars aguerri, à droite mon groupe. La montée était éprouvante. Le risque de recevoir une balle ou de marcher sur une mine était tel qu'il nous fallait avancer à grandes enjambées. Nous en avions la respiration coupée. La peur est une manifestation naturelle de l'instinct de survie. Personne ne veut être tué ou estropié. On part au combat avec l'espoir de tromper la mort et d'éviter la souffrance. La peur ajoute à la tension, fait naître l'envie irrépressible de se plaquer au sol, de se cacher dans un trou et de ne plus en bouger. Mais l'obligation de remplir l'objectif fixé force à se dépasser, à grimper jusqu'en haut, à prendre ce bastion de merde et tuer ceux qui le défendent, tout en restant, soi-même, vivant.

À mi-chemin, il a fallu attendre les retardataires. Avant de poursuivre, nous avons décidé d'abandonner les gilets pare-balles, qui nous pesaient trop désormais. J'ai laissé également le mitrailleur et le lanceur de grenades. D'ici, ils pouvaient couvrir le reste de la montée et les quatre cents mètres qui nous séparaient de l'ennemi.

Plus la distance qui te sépare de celui qui veut ta mort se réduit, plus tes sens sont en alerte, tu cherches du regard l'ennemi, et ton cerveau réagit instantanément à ce que tu vois. Mais la peur se cache dans les recoins les plus secrets de ton subconscient. Ton corps est stimulé par l'idée de ta rencontre imminente, nez à nez, avec l'adversaire, quand il n'aura plus l'avantage de te tirer dessus de loin, depuis un abri. Tel un prédateur qui bande tous ses muscles pour se jeter d'un bond sur sa proie, tu te lances à l'assaut. Plus rien ne t'effraie – ni le hurlement des balles au-dessus de ta tête ni les éclats de pierre projetés en ricochets à tes pieds.

L'assaut était entré dans sa phase critique. Parvenus au sommet, nous avons neutralisé les *doukhi* qui s'étaient abrités dans des planques préparées à l'avance. Notre artillerie s'est tue : nous étions dans sa ligne de mire, elle risquait de nous toucher. Inostranets avait la tâche la plus dure car il avait dû prendre les fortifications de front et devait à présent soutenir le feu des *doukhi* juste au-dessus de lui avec, pour tout abri, de minuscules saillies rocheuses. Les hommes de mon détachement, épuisés, n'avaient pas tous encore atteint le sommet. C'était rageant. Il fallait absolument intensifier la pression, augmenter la puissance de feu. Mais je n'avais personne pour faire le travail, seulement trois hommes et le toubib, Andrioukha, qui, depuis le début, avait tellement envie d'en découdre, que j'avais dû crier à plusieurs reprises pour le refréner.

En atteignant le plateau qui s'étendait en face des saillies rocheuses et que couvraient nos tireurs, j'ai couru m'abriter derrière un gros rocher pour prendre mes marques. Mes gars s'étaient planqués un peu plus sur la gauche.

Je scrutais les cailloux devant moi. De là où j'étais, je parvenais à apercevoir une partie des communications internes des fortifications de l'EI. J'ai remarqué du mouvement : un ennemi en tenue de camouflage désert qui se confondait avec les falaises. J'ai appuyé sur la détente, le coup est parti, puis une rafale. À peine ai-je eu le temps de me cacher à nouveau derrière mon rocher que des balles ont fait voler des éclats de cailloux à vingt centimètres de mon pied gauche qui dépassait légèrement. Mes jambes se sont repliées d'elles-mêmes. Les tirs venaient de côté : j'ai braqué mon canon dans cette direction et lâché une rafale. Les autres tiraient aussi, en direction d'un type en camouflage qui avait bougé, vers l'endroit d'où venaient les balles. Un obus de mortier est tombé à deux pas de mon rocher, sur les *doukhi*, puis un autre deux secondes plus tard. Ça ne venait pas de notre côté, sûrement une tentative foireuse de l'ennemi. À ma droite, Iojik (le Hérisson) s'est jeté au sol et a calé contre son épaule la crosse de son fusil d'assaut. Il avait dans le regard une lueur d'excitation. Allongé sur le plateau rocheux à découvert, il mitraillait l'ennemi et s'en approchait en rampant.

Ayant admiré l'audace de ce combattant venu en renfort, je me suis retourné vers mes gars : il ne manquait personne, tous étaient sains et saufs. J'étais serein. Les carottes étaient cuites pour les *doukhi*, le peloton de gauche allait terminer le boulot.

Nous avons bientôt gagné le sommet et, après une pause, nous nous sommes répartis le long de la ligne de contact. Nous avons commencé à pilonner joyeusement les islamistes, par courtes rafales, les forçant à reculer derrière leurs fortifications. Toute tentative de riposte était tuée dans l'œuf par un tir de barrage. Les djihadistes perdaient l'initiative : nous étions trop près et nos tirs, tranchants comme des coups de poignard, taillaient en pièces leur dispositif de défense. Ils étaient cloués au sol, on pouvait approcher encore et leur lancer une grenade. À ce moment-là, nous avons remarqué un pick-up de l'EI de l'autre côté de la crête : les *doukhi* devaient être en train d'évacuer leurs blessés ou de recevoir des renforts. Guérassim a pris la place du mitrailleur et tiré lui-même quelques rafales brèves avec la Petcheneg. Malgré la distance, il avait visé juste, à en croire les petits geysers de sable qui s'élevaient tout autour du 4×4. Ses occupants sont sortis en courant et se sont dispersés.

Pendant ce temps, la colonne de gauche des troupes d'assaut, le groupe du régiment de Nikola, était parvenue au sommet et les *doukhi*, bloqués des trois côtés par les mercenaires, ne pouvaient plus rester embusqués dans leur forteresse imprenable. Ils ont déguerpi.

C'était l'instant de vérité. De là où j'étais, je voyais bien les barbus fuir, lâchant leurs armes, leurs bombes, se délestant au maximum pour mettre le plus de distance possible entre les balles russes et eux. Mais, dès qu'ils parvenaient à une zone découverte, ils tombaient sous le feu des éclaireurs. Malgré la distance, malgré la fatigue de l'ascension et du combat, les mercenaires visaient juste, impitoyablement. C'était comme si les *doukhi*, qui traversaient chacun leur tour, à intervalle régulier, la zone à découvert, leur donnaient exprès la possibilité de se venger. On voyait une silhouette s'effondrer, puis, entraînée dans sa chute, ramper encore un peu. Quand elle finissait par s'immobiliser, une autre apparaissait et tout recommençait, à l'infini.

Les rôles s'étaient inversés. Désormais en sûreté, nous étions devenus les prédateurs. Dans l'euphorie de la chasse, nous décimions tous ceux qui tentaient d'atteindre la ligne de crête en face de nous. Que l'adversaire soit désarmé n'arrêtait personne. C'était une compensation pour la tension nerveuse accumulée pendant ce long assaut.

Le combat était terminé. L'esprit encore un peu embrumé, courbaturés et fatigués, les mercenaires ont parcouru les positions ennemies, en quête de trophées, fouillant les cadavres à la recherche de documents et d'appareils électroniques, couvrant d'injures les corps déjà rigides des défenseurs de l'État islamique après avoir vidé leurs poches. Il fallait aussi préparer nos positions défensives, en cas de contre-attaque.

Debout près du sommet rocheux, je regardais vers le bas, vers le désert qui commençait au pied des montagnes. Depuis cette perspective, tous les fossés et renfoncements, qui nous avaient semblé des abris pendant notre ascension, se fondaient totalement avec le reste de la plaine. En fait, on voyait vraiment tout. Si nous ne les avions pas écrasés avec nos canons, les *doukhi* nous auraient tirés comme des lapins, ça ne faisait pas un pli. Le désert, les contreforts des montagnes prenaient un aspect surréaliste. Peut-être était-ce l'épuisement physique et le contrecoup du danger. Tout ce qui m'entourait ressemblait à un paysage fantastique, et même les machines en mouvement étaient comme des créatures bizarres se frayant un chemin dans le décor.

J'étais crevé, vraiment. J'avais mal au genou. Je devrais me reposer, fermer les yeux une petite demi-heure. Mais non, il fallait travailler. Même la présence de Guérassim, soldat expérimenté et compétent, ne me relevait pas totalement de mes obligations de commandant. Putain, ce pays m'aurait usé jusqu'à la corde !

Mon abattement n'était pas dû qu'à la fatigue physique. Il y avait aussi les explications avec mes subordonnés, parfois pire que des enfants capricieux, les brimades de mes chefs qui oubliaient soudain pourquoi ils avaient créé un régiment d'éclaireurs et n'arrivaient pas à décider comment s'en servir. Mais la raison principale de mon épuisement moral, c'était la conscience que mes camarades et moi combattions dans ce pays pour un gouvernement corrompu et détesté par ses propres citoyens, pour un peuple qui avait perdu son droit à la souveraineté, et que nous aidions une armée totalement inapte. La guerre n'a jamais été pour moi un simple boulot, j'avais besoin de savoir de quel côté je me battais et quelles valeurs je défendais. J'avais besoin de défendre une juste cause. Aider des salauds à écraser d'autres salauds, même s'ils étaient encore plus cruels et inhumains que les premiers ne me convenait pas. Tout cela me pesait.

Tandis que mes éclaireurs consolidaient leurs positions, pour me changer les idées, j'ai fait un tour du terrain conquis. Les fortifications étaient construites dans un affleurement rocheux, percé de cavités creusées à cet effet. Toutes les niches, tous les trous dans la roche étaient remplis de cadavres de *doukhi* : certains avaient péri dès le pilonnage, d'autres plus tard par des grenades. Derrière la première ligne, sur les pentes de l'autre côté de la montagne, les niches et les étroites terrasses rocheuses étaient elles aussi parsemées de corps, de douilles, d'armes, de munitions. Je suis descendu une dizaine de mètres et me suis arrêté près du cadavre d'un barbu qui venait apparemment de succomber à sa blessure. Il ne portait pas de charge explosive sur lui, et son corps encore souple reposait, sur le dos, sur une couverture en poil de chameau. Il était difficile de dire de quoi il était mort car il ne présentait aucune trace visible de blessure. Quand j'ai fini de l'observer, je me suis retourné et j'ai remarqué un tas de sacs à dos flambant neufs, couverts de débris de roche, entreposés sous une saillie, invisible depuis nos positions au sommet. À côté, appuyés contre la paroi verticale, un fusil automatique et un lance-grenades. J'ai ouvert un sac au hasard, pour y trouver un uniforme complet de djihadiste encore sous cellophane. Avant l'ascension, j'avais déchiré mon sac à dos. Celui-ci ferait l'affaire. C'était de la merde fabriquée en Chine, mais tant pis. Et puis ça me ferait un petit souvenir. J'ai tendu un autre sac à dos à l'un des soldats de Nikola qui passait par là, puis je suis remonté pour rejoindre mes hommes, en emportant aussi le fusil automatique qui était en état de marche et cinq chargeurs pleins, ça pouvait servir. À un ou deux kilomètres, à l'emplacement des *doukhi* qu'il nous faudrait rejoindre le lendemain, s'est éveillée une mitrailleuse de gros calibre : c'était le moment de se mettre à couvert.

Guérassim m'attendait en compagnie des éclaireurs.

— Altaï et Varyag (le Varègue) sont redescendus là où on a abattu les fuyards. Il y a un survivant, il paraît, mais sérieusement blessé. Ça vaut le coup de le ramener ici ?

En me parlant, il inspectait avec intérêt le fusil que j'avais rapporté.

— Pas franchement, il va clamser de toute façon.

On ne pouvait pas lui procurer les secours dont il avait besoin, pas ici au sommet, et je n'avais personne pour l'accompagner jusqu'en bas car nous étions tous à bout de forces.

Guérassim a approuvé d'un signe de la tête et transmis l'ordre par radio.

— Altaï. Laisse-le où il est.

Une minute plus tard, nous avons entendu le claquement lointain d'un coup de feu. Le mercenaire avait fait preuve d'humanité envers son adversaire. Altaï et Varyag nous ont bientôt rejoints, les bras chargés de nourriture, à notre grande joie. En bas, les *doukhi* avaient une cache souterraine, pleine de provisions, et les gars ont rapporté des piles de boîtes en plastique contenant des dolmas. Nous étions tous affamés et épuisés, personne n'a fait la fine bouche. Aucun risque que les *doukhi* aient empoisonné leur nourriture : ils n'avaient pas l'intention d'abandonner leurs positions, et notre apparition les avait surpris. Bientôt, un groupe de ravitaillement a atteint le sommet, apportant de l'eau, des provisions et des munitions.

Ratnik nous a convoqué par radio, Beethoven en personne nous a rejoints sur les fortifications. L'assaut de ce sommet n'était que la première étape d'une grande opération, il nous restait encore une chaîne de montagnes, puis le trophée : Palmyre. Loin d'être vaincu, l'ennemi était encore vigoureux, avide d'en découdre. En contrebas, là où notre équipement était regroupé, un projectile a explosé, soulevant un nuage épais, puis un autre. Les véhicules se sont aussitôt mis en marche : soulevant derrière eux une traînée de poussière, ils se sont dirigés vers l'arrière, hors de portée de l'artillerie ennemie.

20

ON L'A FAIT !

Nous avons passé la nuit sur l'un des sommets de la crête montagneuse qui s'étire sur des dizaines de kilomètres au nord de Palmyre. Dès le coucher du soleil, un vent glacial s'est levé, poussant nos sacs à dos et nos équipements, pourtant assez lourds. L'attente de l'aube, au sommet d'une falaise battue par un vent mordant, sans même une tente ni un poêle pour se réchauffer, était pénible. La seule solution était de se couvrir d'un bon anorak et de se lever de temps à autre pour faire quelques mouvements énergiques.

La veille, Beethoven avait réuni les commandants de ses deux régiments d'assaut et du groupe des éclaireurs montés sur la crête. Il avait fixé le prochain objectif : « Nous traverserons la crête et descendrons de l'autre côté pour assurer l'offensive sur Palmyre. » Un tel déplacement était justifié, mais nous ne pouvions laisser personne derrière nous pour garder les positions conquises aux *doukhi*, cela nous aurait obligés à étirer beaucoup trop notre formation de combat. Pour avancer sans risque et occuper la deuxième ligne qui commandait la route vers Damas, il nous fallait pourtant assurer nos arrières.

Nous comptions sur l'aide des *sadyk*, et Ratnik était même prêt à leur adjoindre plusieurs brigades équipées d'armes lourdes. Mais le détachement de deux cents alliés qui venait d'arriver, accompagné de leurs chefs, au lieu d'occuper les positions, s'est mis à faire des selfies devant les cadavres de djihadistes, prenant la pose sous les caméras des reporters. Tant de culot nous a laissés interdits. Les Syriens ne se contentaient pas de se prendre en photo avec les cadavres de l'ennemi, ils se jetaient sur les corps rigides, leur donnaient des coups de pied et les charcutaient avec leurs baïonnettes. Passant une corde autour du cou d'un des *doukhi* morts, ils ont traîné le corps sur les rochers, avec la claire intention de lui trancher la tête. Les excès de ces Syriens déchaînés nous ont vite lassés, et nous les avons chassés sans ménagement. Vexés, ils ont rebroussé chemin vers l'arrière, sans penser une seconde à tenir les positions que les Russes avaient conquises pour eux.

Il a fallu s'adapter à la situation et renforcer la défense de notre point d'appui avec un peloton d'assaut. Nous n'avions pas le temps d'attendre que les *sadyk* changent d'avis : il fallait au plus vite s'emparer de la crête suivante, battre le fer tant qu'il était chaud.

Enfin, le jour s'est levé. Le vent était tombé et le soleil illuminait la vallée qui s'étendait entre les deux massifs. Après avoir avalé des conserves de notre ration, endossé les sacs avec tout notre barda, vérifié notre itinéraire, nous avons commencé à descendre dans la vallée. Les deux colonnes se sont fondues en une seule et ont atteint bientôt le pied du second massif. Nous avons fait une courte halte, le temps de nous asseoir, de fumer une cigarette en parlant de tout et de rien pour éviter de penser à ce qui nous attendait plus loin, avec l'ascension du long chemin qui serpentait entre les falaises inconnues. Ratnik a rappelé une dernière fois l'ordre de progression.

Dans cette guerre, nous étions confrontés à la même situation, jour après jour : au mieux, les alliés syriens nous indiquaient dans quelle direction se trouvait l'ennemi, mais sans plus de détails. Et nous n'avions ni le temps ni la possibilité de mener notre propre reconnaissance. Mais il y avait un accord, et les mercenaires étaient obligés de le respecter.

La montée n'a pas duré longtemps. Abandonnant nos sacs au pied des montagnes, divisés en trois colonnes, nous avons grimpé sans rencontrer de résistance. De l'autre côté, se déployait un désert à perte de vue, coupé par une autoroute qui se détachait nettement sur l'horizon de ce paysage sans vie. À gauche, au travers de la brume, on distinguait les potagers des abords de Palmyre. En préparant nos positions, nous admirions la vue époustouflante. Madrid a déterminé nos coordonnées et les a communiquées à notre artillerie. Plus loin au nord, sur le dernier sommet de la chaîne, les obus explosaient déjà, coiffant les hauteurs de poussière. Les hélicoptères frappés d'étoiles tournaient dans le ciel et lâchaient leurs fusées sur les *doukhi*. L'assaut du dernier bastion de l'EI avant Palmyre serait mené par les hommes de Iakoute, appuyés sur le flanc par les soldats d'assaut de Ratnik et par mes éclaireurs qui avaient coupé aux troupes de réserve ennemies toute voie d'approche à travers le massif montagneux. Les djihadistes, terrés dans leurs fortifications, n'avaient aucune chance de nous résister.

Nous savions tous que Palmyre tomberait, qu'elle serait à nous ! Les mercenaires l'auraient, bon sang ! Pendant une année entière, l'armée syrienne, ses chars, son aviation, son artillerie n'avaient pas réussi à avancer d'un mètre pour conquérir cette crête, mais les mercenaires russes de Beethoven, en deux jours et sans aucune perte, avaient pris les fortifications de la première ligne et, arrivés à la seconde, en redescendaient déjà. Ils s'étaient honnêtement acquittés de leur travail et avaient mérité l'argent qu'on leur donnait.

21

LA BLESSURE

À la guerre, le pire arrive toujours quand l'ennemi semble vaincu et la victoire, toute proche. Le subconscient chuchote : « Détends-toi, tout va bien, il n'y a plus d'ennemis, on peut se relâcher et oublier un peu les règles de la guerre. » Si tu cèdes à cette envie, le châtiment est inéluctable.

Les éclaireurs ont décidé de miner la route en contrebas du poste d'observation. Descendus du sommet, ils ont traversé une sorte de dorsale rocheuse basse sur un chemin à découvert. Mais la descente n'était pas parfaitement protégée : des saillies bouchaient le champ de tir de la mitrailleuse. La journée était calme, les snipers qui observaient les montagnes alentour n'avaient repéré aucun mouvement.

Les djihadistes avaient avancé sans se faire remarquer, et les mercenaires sont tombés droit dans leur embuscade. Surgissant d'un coup, les *doukhi* ont fauché les trois éclaireurs de tête et blessé les deux autres qui, tout en se défendant, sont parvenus à se replier derrière des rochers. Grimpant vers le sommet, les *doukhi* ont ouvert le feu sur notre poste d'observation, nous clouant au sol, sans nous laisser aucune possibilité de répliquer. Couverts par des tirs nourris, les djihadistes se sont approchés des trois éclaireurs gisant par terre, et les ont traînés par les sangles de leur équipement.

Ce matin-là, j'étais parti sur la base de Tyias (T-4) et je n'ai appris que plus tard, par radio, en revenant sur les positions, que j'avais perdu des hommes. Sautant en marche du Kamaz qui ralentissait pour s'arrêter près des troupes chargées de sécuriser l'arrière, j'ai donné des ordres à l'escouade de reconnaissance rapprochée, puis je suis monté au camp de base en courant. Remplissant mes chargeurs des munitions que j'avais ramassées, comme un trophée de guerre, j'ai assailli mes hommes de questions sur ce qui s'était passé. Il fallait faire vite, l'espoir était ténu, mais pas encore mort. Peut-être que, occupés par nos tirs, les *doukhi* n'avaient pas eu le temps d'évacuer leurs prisonniers. Le gilet pare-balles, je le laisse – il est trop lourd pour se déplacer dans les montagnes – ; le casque – où est mon casque ? – tant pis ; les grenades – dans les poches. Allez, en avant, vers le champ de bataille.

En chemin, j'ai croisé des gars qui transportaient Guérassim : il était vivant, dieu soit loué, mais sa blessure avait l'air sérieuse. À l'endroit où les éclaireurs avaient commencé la descente, je suis tombé sur Zaliv qui m'a fait un rapport confus auquel je n'ai compris qu'une chose : on ne savait rien du sort de nos gars faits prisonniers. J'ai suivi le bruit des coups de feu. Près de rochers, Baïkal avait épaulé son fusil automatique et clouait le bec à une mitrailleuse ennemie. Il m'a montré l'endroit où il avait remarqué du mouvement, sur la gauche. J'ai ouvert le feu sur une silhouette qui se dérobait. Un peu plus haut, Ratnik et son groupe étaient prêts aussi. On allait pouvoir avancer. Avec un peu de chance, nos gars étaient encore en vie.

— Zaliv et ceux qui sont avec toi, tentez une approche par la gauche, criai-je.

Avec Baïkal, Zloy (le méchant), Skif (le Scythe), nous nous sommes engagés dans l'espace à découvert, en nous couvrant l'un l'autre.

Derrière une saillie rocheuse, nous avons découvert le corps du mitrailleur abattu par Baïkal et une dizaine de pas plus loin, un fusil automatique et des munitions. J'avais touché l'ombre fuyante que j'avais visée, et le blessé avait tout abandonné pour dévaler la pente. Notre groupe avançait en hurlant les noms de nos camarades : « Berthollet, Varyag, Altaï !!! » Une rafale nous a coupé la route. Le salaud, il écoutait le bruit de nos pas, heureusement, il avait raté son coup ! J'ai lancé une grenade à main, me protégeant derrière la falaise. J'ai ensuite envoyé quelques courtes rafales vers le terrier du djihadiste. D'autres soldats ont à leur tour lancé des grenades dans la même direction.

C'est alors qu'est arrivé ce que je ressasserai souvent par la suite, et que je ne me pardonnerai jamais : un court laps de temps, à peine dix secondes d'hésitation. Les conséquences ont été désastreuses. Les quatre soldats qui attendaient, agglutinés derrière un rocher, que leur commandant donne un ordre étaient devenus une cible facile pour les djihadistes.

Je n'ai pas entendu l'explosion, ni compris tout de suite que je me trouvais sur le dos, après avoir été projeté à trois mètres de là. Tout était brumeux, irréel autour de moi. À la seconde où j'ai réussi à faire le point sur l'objet le plus proche, un énorme caillou, une douleur aiguë m'a transpercé. Dans tout le corps. Elle revenait au moindre mouvement, même quand j'inspirais simplement de l'air. Je ne voyais rien autour de moi, mais de temps en temps les exclamations de mes camarades me parvenaient, lointaines. Je m'efforçais de ne pas bouger, rester immobile me soulageait un peu, mais j'ai été submergé par la conscience de mon impuissance. La terreur à l'idée de tomber entre les mains des djihadistes, dans un tel état, a relégué la douleur au second plan. Ma kalach était à portée de main. Je l'ai placée, non sans mal, sur mon ventre, l'ai pointée vers l'espace entre mes pieds et me suis mis à tirer des coups isolés dans le vide, devant moi, pour faire comprendre que j'étais vivant et capable de me défendre. En même temps, je me suis donné l'ordre de retourner vers l'endroit d'où j'étais venu, là où se trouvaient les autres. Ils viendraient bientôt, ils me sauveraient. Je n'étais même pas capable de m'asseoir, mon corps ne m'obéissait plus, je ne pouvais que ramper sur le dos. Mes pensées s'étaient évanouies, il n'y avait plus que la douleur et la volonté obstinée de retrouver les miens.

Combien a duré cette douloureuse progression sur le dos ? Une éternité. Quand on a commencé à me prendre le pouls, ôter mon équipement pour me donner les premiers soins, je n'étais plus qu'un pauvre fantoche de soldat, sans forces, incapable de résister. Les cris de mes camarades et la piqûre d'analgésique m'ont ramené dans le monde réel. Ratnik se tenait au-dessus de moi, tirant de courtes rafales de mitrailleuse et criant des ordres à ceux qui soignaient les blessés. J'ai fini par me lever. La douleur ne diminuait pas, mais j'ai réussi à marcher jusqu'au camp de base, appuyé sur l'épaule de Taïga qui, après m'avoir confié au toubib, est reparti : la bataille n'était pas finie. Andrioukha a examiné mes blessures, m'a fait une nouvelle piqûre, un pansement, et a pris des dispositions pour m'évacuer en urgence. Mon camarade m'a offert son épaule pour descendre jusqu'au véhicule qui nous attendait. Dès mes premiers pas, la douleur s'est déplacée vers la partie inférieure du tronc, comme si à l'intérieur de moi un poids appuyait si fort sur tous les organes de mon bassin et de mon abdomen qu'il m'empêchait de respirer et de bouger. Après avoir un instant retrouvé mes esprits à l'idée d'avoir été secouru, de n'avoir pas été abandonné sur les rochers, d'être parmi les miens, je me suis effondré de nouveau, incapable de bouger. Avalant l'air par intermittence, j'essayais de trouver la force d'avancer, mais en vain. Mon camarade m'a obligé à me relever. La douleur restait infernale, mais il me fallait avancer : là-bas, c'était l'hôpital, les médecins… Et Natacha ! Oui, Natacha m'attendait, je devais marcher pour elle !

— Vas-y, va aider les blessés graves, je terminerai seul, ai-je dit en haletant.

J'ai fait un pas en direction du blindé qui attendait au pied de la montagne. Natacha m'attend, je dois marcher jusqu'en bas, il faut que je survive, je suis fort, j'en suis capable !

22

COMA

À bout de forces, épuisé, posant avec peine un pied devant l'autre, je parviens à un petit bâtiment qui sert d'entrée à une zone ceinte d'une haute clôture aveugle. Devant se tiennent des gardes silencieux. En m'approchant, je vois qu'ils n'ont pas de visages. Ils font un pas de côté et me laissent passer. Un instant plus tard, équipé de pied en cap, j'accompagne le chef d'une tribu, entouré de gardes du corps, et je parcours avec sa suite une série de gigantesques couloirs bordés de hautes falaises à pic et de colonnes sculptées à la main, à la manière antique. Soudain, une longue caravane apparaît, menée par d'énormes éléphants qui avancent d'un pas majestueux, en silence. Sur leurs dos ornés de tapis, ils portent des nacelles ouvragées qui abritent le chef et son entourage. Je marche devant, scrutant les environs, prêt à tout moment à former un cercle défensif autour de moi à l'aide de tuyaux épais et souples qui émergent de ma ceinture, et dont la forme et les écailles rappellent des serpents.

M'abritant derrière eux, je suis paré à ouvrir le feu de mon puissant fusil automatique. Me voilà face à un homme que je reconnais, à certains signes, c'est un général soviétique, je lui demande comment je suis arrivé ici et ce que je dois faire. Après une courte pause, le général me répond : « Tu es arrivé ici parce que tu es en train de mourir, mais tu n'as pas de place ici, fraie-toi un chemin vers les tiens. »

Je suis de nouveau au milieu des gigantesques couloirs de falaises coupées au cordeau, mais à présent je ne fais plus partie de la caravane, je reste à l'écart. J'observe de l'extérieur cette procession, je n'ai plus mon équipement militaire, je ne suis plus en état de lever les bras pour m'appuyer contre le mur. Mes jambes flanchent, je n'arrive plus à rester debout. Des créatures mythologiques mi-homme mi-animal, musclées et bardées d'armes m'entourent puis m'emportent, sur l'ordre de leur chef, vers une destination inconnue. Je me retrouve dans un appareil propulsé par une hélice. C'est une sorte d'aéroglisseur qui patrouille le long de la frontière derrière laquelle se trouve l'armée du Pays des Morts. L'équipage du bâtiment est à l'affût des intrus. Coiffé d'un lourd casque avec émetteur et dispositif de vision à longue portée, je suis à la fois pilote et observateur. Je vois des voitures et des blindés se déplacer en tous sens. La configuration des véhicules change sans cesse en fonction de leur direction : s'il faut faire demi-tour, la cabine fait une rotation de 180° et recule. Au besoin apparaissent des bras articulés ou d'autres équipements qui servent à Dieu sait quoi. Dans la benne des pick-up, il y a des êtres semblables aux hommes préhistoriques, vêtus de tuniques de guerriers, armés de kalachnikovs et de mitrailleuses. Leurs visages déformés par la haine, leurs membres épais et courts, leurs corps massifs toujours courbés me dégoûtent mais ne me font pas peur. Ils sont pleins d'une haine sauvage, animale, ils se battent constamment entre eux, tuant et estropiant leurs semblables par tous les moyens.

Tout ceci m'est insupportable et me pousse à fuir mais l'aéroglisseur ne franchit pas la frontière du Pays des Morts ; il recule même à chaque fois qu'il s'en approche. Je n'ai pas la force de lutter contre la gravité liée au mouvement du vaisseau, je ne parviens plus à bouger mes membres, à diriger mon corps. Ma tête est écrasée par le casque et chacune de mes tentatives pour retourner dans le monde où se trouvent Natacha, ma mère, mon frère et mes amis, échoue dans une vive douleur.

Je suis dans une pièce, deux soldats de l'armée des Morts, baraqués et barbus, m'étendent sur le sol métallique, sous une trappe carrée ouverte, et attachent mes bras écartés à des anneaux fixés au sol. J'aperçois à travers la trappe un hélicoptère qui lâche droit sur moi de courtes lances de métal. La terreur me fait froid dans le dos, je tente de m'écarter mais j'ai les bras immobilisés. Finalement, après un effort surhumain, je réussis à faire passer mes jambes par-dessus ma tête et à m'échapper. Furieux, les barbus se jettent à ma poursuite mais je suis déjà ailleurs, une vive lumière me frappe le visage, le casque est de nouveau bien attaché sur ma tête. Je n'ai plus la force de supporter ces souffrances, je crie, je supplie qu'on me libère. Je ne veux plus, je ne peux plus être un observateur au Pays des Morts.

Je me retrouve sur un lit ferme, dans une grande pièce claire au plafond transparent. Tout autour de moi, sur des lits semblables, des hommes blessés, sans bras ni jambes, qui gémissent et appellent à l'aide. Un être humain vêtu d'un habit clair annonce que c'est lui qui décidera de ce qui adviendra de chacun de nous ici, et que nous devons tous lui obéir. Puis, il explique que seuls les vivants sont ici, les morts n'ayant pas le droit d'entrer. D'ailleurs, ils ne peuvent pas traverser le puissant champ protecteur qui entoure cet endroit. Je vois qu'à l'entrée se massent des silhouettes à semi-transparentes, semblables à des hologrammes. Elles regardent à l'intérieur mais ne peuvent pas entrer. Je comprends que ce sont les âmes des morts qui devront bientôt se réincarner pour devenir les soldats du Pays des Morts.

Sur l'ordre de l'être lumineux, à plusieurs reprises, ses assistants me soumettent à des manipulations étranges : sans ménagement, ils envahissent mon corps, déchirant mes entrailles, ou bien ils déversent en moi un liquide de couleur bleu azur. Parfois, la pièce s'emplit d'une grande quantité de gens en blanc, on dirait les apôtres. Ils s'approchent de chacun, observent son visage et se mettent à débattre. C'est comme s'ils avaient des faces sculptées dans la cire, leurs traits sont impassibles, seules leurs lèvres bougent. Durant l'une de leurs visites, les apôtres annoncent qu'ils sont parvenus à un compromis – avec qui, ils n'en disent rien –, pour que tous ceux qui se trouvent dans cette pièce soient transférés depuis le Pays des Morts chez les vivants, sur Terre. À partir de ce jour-là, les occupants de la pièce sont embarqués, un par un, dans une capsule et envoyés hors d'ici. Mon tour tarde à venir et, à un moment, je comprends qu'il ne viendra pas : les apôtres se sont trompés sur mon compte. Un jour, ouvrant les yeux après un plongeon dans l'éternité, je ressens une légèreté inhabituelle, la mort ne me paraît plus si terrifiante, et je suis prêt à accepter le choix du Très-Haut. J'ai perdu l'espoir de revoir mes proches, ma famille, et j'adresse seulement une requête au Très-Haut : qu'il n'abandonne pas ma mère, Natacha et ma fille. Je ne demande que ça, je me compte déjà parmi les morts.

Lorsque j'ai ouvert les yeux, c'est comme si tout avait changé autour de moi. Les contours des constructions, le plafond de verre, les lits d'hôpital et l'homme de haute taille en blouse blanche et au regard intelligent, tout était plus net. Il s'est approché de moi, m'a regardé attentivement dans les yeux, s'est penché sur ma poitrine, et a dit : « Demain, on enlève la trachéotomie et tu pourras parler ». Je sortais petit à petit du coma, j'avais survécu, la grenade ne m'avait pas tué. Je verrai bientôt ma famille et je me remettrai debout. Je devais encore passer deux mois à l'hôpital et subir deux opérations. Tout au long du printemps, j'endurais de nombreuses ligatures, aussi pénibles que les opérations : des éclats de shrapnel sortaient de mon tissu musculaire. Les sutures saignaient. Après les opérations que j'avais subies, je n'étais pas en mesure de me lever seul de mon fauteuil roulant pour m'allonger sur le lit d'hôpital. Peu à peu, pourtant, mes forces revenaient, mes muscles retrouvaient leur tonus, et Natacha était toujours à mon côté. Dès qu'elle avait appris que je me trouvais en Russie, dans le coma, elle avait fait irruption à l'hôpital et ne m'a plus quitté une seconde, devenant ma garde-malade attitrée. Elle me donnait à manger, vidait l'épais liquide de ma poche de stomie, me faisait la conversation, restait simplement avec moi et quand je m'endormais, elle caressait mon bras qui avait perdu tous ses muscles. Après mon réveil, ma fille est venue elle aussi. Enfin, nous avions la possibilité de parler en confiance, calmement, de résoudre les difficultés et les incertitudes de notre relation. Elle poussait mon fauteuil, je lui faisais part de mes pensées, de mes sentiments, puis nous faisions une pause, après quoi, c'était à son tour de se confier, en ajustant mon plaid. Ma vie était devenue bien réglée et tranquille.

Quelques jours après avoir quitté les soins intensifs, j'ai appelé le commandant de mon régiment à l'institut militaire. Ce héros de la Russie, cet homme qui était pour moi le modèle de l'officier russe, en apprenant ce qui m'était arrivé, a mobilisé aussitôt tous mes anciens camarades qui vivaient à Moscou. Non seulement ils sont venus me rendre visite à tour de rôle, mais ils m'ont aidé à obtenir des stomies adaptées à mon cas. Mes frères d'armes mercenaires qui étaient soignés dans ce même hôpital venaient aussi me voir. Ils me remontaient le moral, me donnaient des nouvelles de la Compagnie. Personne ne cherchait à être consolé, ne maudissait le sort de se retrouver mutilé ou d'avoir les entrailles déchirées. Nous savions tous que telles étaient les conditions implicites de notre contrat. Quand j'ai été capable de me déplacer en fauteuil roulant sans aide extérieure, c'était mon tour de rendre visite à ceux qui étaient cloués au lit. Natacha m'a aidé à monter deux étages pour aller voir Mirny (le Pacifique), un sniper avec lequel j'avais souvent travaillé, dans les montagnes au nord de Lattaquié et aux abords de Palmyre. Mirny avait perdu un pied sur une mine. À présent, il attendait que cicatrisent les profondes blessures qu'il avait aux deux jambes. Lui non plus ne geignait pas, il acceptait la situation, comme chacun de nous.

J'avais devant moi un long et difficile chemin pour me rétablir, mais j'étais prêt à le suivre jusqu'au bout, patiemment, car mon vœu le plus cher était de reprendre mon travail de mercenaire. Oui, c'était risqué, mais je ne me voyais pas vivre autrement.

23

LA MÉDAILLE

*Camp d'entraînement de Krasnodar,
octobre 2016*

L'ordre du Courage[1] reposait dans ma paume. C'était une lourde croix d'argent que j'avais saisie avec les dents au fond d'un quart en métal rempli à ras bord de vodka, après l'avoir bien évidemment avalée à grandes gorgées. Je tendis la décoration à Ratnik, donnant au commandant sous les ordres duquel j'avais été assigné tout récemment le droit de l'épingler au revers de mon anorak de Spetsnaz.

Cinq mercenaires, debout autour d'une table simplement garnie : des rondelles de saucisson posées sur leur papier d'emballage, une rangée

---

1. Décoration officielle de l'État russe ; mais pour Marat et ses compagnons, elle est remise en secret, loin des fastes du Kremlin... L'attribution de ces médailles prouve aussi qu'il y a un lien entre la SMP et l'État russe, qui remercie ainsi les mercenaires de leur contribution aux combats.

de bocaux de cornichons et une batterie de bouteilles de vodka. Madrid, Baïkal, Possokh (le Bâton), Bandit et moi, après avoir accompli le rituel lié à la remise de décoration, recevions, le visage rougi, les félicitations des camarades rassemblés dans la pièce. Les médaillés, bien éméchés, échangeaient des blagues, choquantes pour un étranger, mais tout à fait habituelles chez les soldats de fortune. Nos chamailleries amicales provoquaient des tonnerres de rires qui faisaient trembler les fines cloisons de contreplaqué de la caserne. Pour la plupart d'entre nous, assis autour de la table, ou étendus sur les lits, la remise des médailles était une procédure familière, mais toujours émouvante et agréable.

Pour tout professionnel de la guerre, recevoir une décoration, même sans récompense financière, a son importance. Cela peut paraître étrange, incongru, mais la conscience du mercenaire est ainsi faite : au-delà de l'argent, il a désespérément besoin que soit reconnue l'utilité de son travail pour ses compatriotes et, plus généralement, pour son pays, sa patrie. Pour les mercenaires de Beethoven, participer à une grande cause est essentiel. Ils sont prêts à retourner au combat encore et encore, parce qu'ils savent que tous leurs efforts et sacrifices, en fin de compte, renforcent les fondations et l'autorité de ce morceau de globe terrestre qu'ils peuvent maudire parfois, mais qu'ils aiment par-dessus tout. Les médailles entretiennent, chez les soldats de fortune, un sentiment de respect de soi. Quand bien même il y aurait là une touche d'orgueil, ils y ont droit, leurs récompenses sont honnêtement gagnées, et non pas distribuées sur ordre du ministère de la Défense.

Beaucoup d'entre nous avaient servi dans l'armée, et nous connaissions très bien le tarif des médailles et des distinctions, tout comme nous étions au courant du commerce florissant des étoiles et des galons. Mais dans une SMP, chaque commandant peut être obligé, un jour, de rendre des comptes à un mercenaire, comme lui, même moins gradé, et lui expliquer pourquoi untel ou untel, sans avoir participé aux combats, va recevoir une médaille. Cela dit, bientôt le ver de la corruption allait s'inviter chez les mercenaires aussi, avec la complicité des chefs et des services de sécurité.

Notre petite fête ayant battu son plein, le calme est revenu. De petits groupes se sont formés par affinités. Nous parlions de tout et de rien, mais aussi du plus intime, révélant les secrets de nos cœurs et de nos âmes. Ratnik et Inostranets racontaient en détail la bataille qui m'avait mis HS pendant si longtemps. Notre mitrailleur avait eu peur d'occuper la position indiquée et Ratnik avait lui-même pris la Petcheneg pour couvrir Inostranets, Madrid, et les autres venus à la rescousse. Inostranets, risquant sa vie, nous avait tirés à l'abri, Skif et moi, tressaillant sous les sifflements des balles qui passaient à deux doigts de sa tête. Le jour suivant, les *doukhi* avaient sans aucun mal chassé les soldats syriens du sommet que les mercenaires avaient conquis pour eux. Mais nos gars, retournant vers l'arrière, avaient mis en pièces le détachement de djihadistes et repris le sommet. Après, ils s'étaient promenés dans le site antique de Palmyre, dont j'avais tant rêvé. J'écoutais, les oreilles grandes ouvertes, absorbant les récits de mes frères, je sentais mon appartenance à cette communauté, cette famille qui unissait des gens d'horizons et de religions si différents, qui une croix orthodoxe autour du cou, qui des marques païennes sur le corps, le Coran ou la Torah dans la poche. Sans elle, je n'aurais pas été là, avec mes camarades, mais là-bas, gisant dans ma pourriture, puant la mort, sur une crête au-dessus de Palmyre.

D'un coup, j'ai ressenti dans chaque fibre de mon corps que ces gars n'avaient pas bravé la mort pour exécuter un ordre, mais en répondant à l'injonction d'une voix intérieure qui pousse vers l'avant, à la rescousse d'un frère tombé. À présent, je savais pour sûr que la « confrérie des mercenaires » était bien plus qu'une jolie expression, c'était une réalité éprouvée maintes fois, un code d'honneur qui pousse à prendre le risque de sauver une vie quand l'instinct de survie paralyse la volonté et incite à se cacher.

Qui sait ce que l'avenir nous réservait ? Je venais de revenir parmi les miens, dans la famille des mercenaires. Oui, je n'étais pas encore tout à fait prêt à reprendre notre dur labeur, mais rien ne pressait, j'allais me rétablir, et, le moment venu, payer ma dette à mes frères d'armes. La vie, qui remettra chacun à sa place, est comme un fleuve dans lequel on peut, si on le désire vraiment, se baigner deux fois.

24

DE RETOUR…

Février 2017, base de T4,
environs de Palmyre

Présent dans diverses régions du globe, le pétrole, ce liquide huileux et inflammable formé il y a des millions d'années et accumulé dans de vastes réservoirs naturels cachés sous la croûte terrestre, est connu de l'homme depuis des siècles. Mais ce n'est qu'avec l'avènement de la révolution industrielle qu'il est devenu l'une des plus importantes, sinon la plus importante, ressource fossile. Sa possession est la cause directe ou indirecte de nombreux conflits militaires et politiques dans le monde.

Les États du Proche-Orient ont été aux premières loges de ces luttes tragiques. Certains, longtemps demeurés arriérés et désertiques, sont entrés grâce à l'or noir dans le club des pays les plus riches du globe, devenant d'importants centres de tourisme et d'affaires. Mais si pour les uns il représentait un don du ciel, pour les autres il s'est révélé une malédiction. Pendant tout le XXe siècle, un principe implicite a ainsi régi la politique mondiale : le pétrole syrien n'est pas pour les Syriens.

Ce pays indépendant depuis moins d'un siècle n'a toujours pas acquis une souveraineté politique totale. La faiblesse du pouvoir central a fini par conduire à une longue et sanglante guerre civile, dont les causes sont directement liées à l'intérêt des grandes puissances pour le pétrole syrien. Cette guerre, qui déchire le pays depuis 2011, implique non seulement des acteurs importants mais aussi les groupes terroristes et nationalistes extrêmement divers qui n'ont pas oublié de s'enrichir, tout en poursuivant leurs objectifs politiques. Il suffisait de mettre la main, même temporairement, sur un ou deux gisements de pétrole. L'État syrien, dont les caisses se remplissent principalement par la vente des ressources pétrolières, a fini par perdre quasiment tous ses puits.

À l'été 2015, en prenant Palmyre, l'EI s'était emparé de presque toutes les régions pétrolifères de Syrie. Quoique bien supérieure en nombre, l'armée gouvernementale, en déroute, s'était avérée incapable de défendre ses gisements. Toutes ses pitoyables tentatives pour reprendre ce qu'elle avait perdu s'étaient soldées par de lourdes pertes. Privé de pétrole, le régime de Bachar al-Assad s'est alors retrouvé au bord de la faillite, et seule l'intervention militaire de la Russie a permis à Assad de conserver le pouvoir. Avec le contingent militaire russe étaient arrivés les mercenaires de Beethoven, qui joueraient un rôle non négligeable dans le renversement des équilibres dans la guerre civile. L'apogée de notre participation aux opérations militaires a été la bataille de Palmyre. Cette victoire a donné le vertige aux gros bonnets du gouvernement syrien et du contingent russe, qui se sont considérés les auteurs de la défaite de l'EI. Spéculant déjà sur les futures récompenses et nouvelles promotions, ils avaient déclaré aux mercenaires de la SMP que leurs compétences dans cette guerre ne seraient sans doute plus nécessaires, leur proposant même « poliment » de rentrer chez eux. Mais ils avaient rapidement dégrisé quand les régiments du califat avaient mené une contre-attaque surprise, qui s'était terminée par la reconquête de Palmyre. La pagaille au sein de l'armée vaincue, qui s'était repliée dans le plus grand désordre, n'avait même pas permis à l'aviation russe de sauver la mise. Les djihadistes régnaient à nouveau sur les immenses champs de pétrole et de gaz.

Aussi, face aux défaites militaires conjuguées à un déficit aigu en ressources énergétiques, les dirigeants syriens, déçus du peu d'aptitude au combat de leur armée, se sont souvenus des mercenaires de Beethoven et leur ont fixé un double objectif : reconquérir les gisements de pétrole et conserver les prises.[1]

---

1. Dans un premier temps remerciés, les mercenaires sont rappelés au combat. Un marché juteux est passé entre les autorités syriennes et la direction de la compagnie militaire privée qui allait toucher 25 % des revenus générés par les sites pétroliers et gaziers repris à Daech. Un accord dont les soldats de fortune ne savaient rien à ce moment-là… Ils avaient pour ordre surtout de ne pas reperdre Palmyre, ainsi que d'autres sites qui étaient à leur départ retombés aux mains des islamistes.

25

LA GUERRE TOUT CONFORT

Franchissant le checkpoint qu'occupait une unité du ministère de la Défense, notre colonne de cars s'est engagée sur l'autoroute en direction de l'aéroport local. Une fois encore, nous avions dû peser nos bagages pour nous assurer qu'ils ne dépassaient pas le poids autorisé, puis on nous avait distribué nos passeports. En feuilletant le mien, j'ai remarqué qu'aucune de ses pages ne portait le visa de l'État syrien. Lors des précédentes missions, on m'en avait donné un, mais cette fois, visiblement, cette formalité était devenue inutile.

Il y eut un arrêt sur une aire d'autoroute pour qu'on se dégourdisse les jambes et avale quelque chose de chaud. Arrivés au terminal, les cars nous ont rapidement débarqués, avec tout notre barda, et sont repartis aussitôt, pour éviter d'attirer l'attention. Pendant le déchargement, nous avons pris la flotte : il pleuvait à verse, ce qui est assez courant au début du mois de février dans le sud de la Russie. La centaine de types costauds a traversé le terminal international presque vide, en direction de la douane. La file avançait lentement car passer la frontière tenait du parcours d'obstacles. Les douaniers, imperturbables, nous ont d'emblée interdit d'emporter nos lunettes d'observation et nos couteaux, malgré notre insistance pour qu'ils ferment les yeux sur certaines formalités, compte tenu de la particularité de notre contingent. Cependant, peu leur importait que les lunettes d'observation, les viseurs et les couteaux nous soient indispensables pour survivre au combat : les règles sont les mêmes pour tous.

— L'exécution pointilleuse des instructions, c'est la forme la plus raffinée de sabotage, a sifflé entre ses dents Koldoun (le Sorcier), en jetant un regard hostile aux fonctionnaires tatillons.

J'ai tourné le dos au douanier qui recueillait les couteaux saisis dans un sac et tenté ma chance : fermant d'un coup le rabat de mon sac à dos, je l'ai balancé sur le tapis roulant. « Qu'ils aillent se faire foutre, mon couteau reste avec moi ! » Je me suis dirigé sans me retourner vers le contrôle des passeports, comme si de rien était.

Malgré l'absence presque totale de voyageurs, le Duty Free était ouvert. Une bonne surprise pour nous. En attendant d'embarquer, les hommes faisaient les cent pas, achetaient des cigarettes et de l'alcool, dissimulant à la hâte leurs bouteilles pour que les chefs n'en voient rien. Pour certains, faire des achats dans un magasin où toutes les devises sont acceptées était une grande première. Les mercenaires constituent un échantillon représentatif de la société, la plupart d'entre nous n'avaient jamais pensé voyager au-delà de nos collines, alors obtenir un passeport, c'était une procédure très compliquée, inconcevable. C'est comme ça en Russie : pour beaucoup, sortir de l'environnement familier relève de l'exploit et constitue un pas extrêmement difficile à franchir.

Le Boeing prêt à l'embarquement avait l'air d'un jouet de Noël dans la lumière des projecteurs. À l'intérieur, tout semblait neuf, propre et frais. Les fauteuils confortables et les jolies hôtesses de l'air ont permis aux mercenaires, pour quelques instants, de se mettre dans la peau de touristes ordinaires partant se reposer au soleil dans un pays lointain. Les repas étaient copieux et bons. Ce vol avait été organisé comme si la direction de la SMP s'était donné comme objectif d'assurer tout le confort possible aux mercenaires avant les difficultés qui les attendaient au front. Prenant mes aises dans mon siège, j'ai ricané : profitez-en, les frangins, dans quelques jours, une faille dans un rocher protégeant du vent glacé ou un trou recouvert d'un morceau de toile cirée passeront pour un bon bivouac et un abri acceptable contre le mauvais temps.

À Damas, évitant la douane et le contrôle des passeports, nous avons récupéré nos bagages et sommes montés tranquillement dans les autobus qui nous attendaient déjà. Nous aurions rêvé de découvrir la richesse historique de la plus ancienne capitale du monde, mais notre convoi a contourné la ville sans nous laisser le temps d'en apprécier l'architecture ni les monuments. À notre arrivée, il faisait déjà nuit.

26

HAYYAN

La raffinerie de gaz et de pétrole de Hayyan et le gisement qui la jouxte ont été les premiers objectifs dans le processus de reconquête qu'a mené l'État syrien pour le contrôle des ressources naturelles. Cette fois, les mercenaires étaient envoyés en Syrie par charters entiers.

Les premiers avaient reçu des fusils automatiques coréens, obtenus Dieu sait où, et même des Mosin-Nagant[1] fabriqués en 1940. Comment en était-on arrivés à être armés si pauvrement et qui, dans les bureaux du ministère de la Défense, n'avait pas réussi à trouver un accord pour nous créer de meilleures conditions de combat ? Certes, les mercenaires honoraient une commande commerciale visant à récupérer des champs pétrolifères, mais n'agissaient-ils pas pour le bien commun en détruisant des djihadistes et les privant de leur principale source de revenus ? En tout cas, les premières unités de

---

1. Fusil militaire à répétition manuelle

mercenaires étaient parties au combat armées de ferraille coréenne, avec très peu d'armement lourd, pas assez de munitions, sans même un appui-feu adapté.

Nous avons eu plus de chance : à notre arrivée en Syrie, les entrepôts contenaient une quantité suffisante d'armement tout à fait convenable. Sans être cependant de la même qualité que celui de la précédente mission : les mitrailleuses n'étaient pas des Petcheneg ; les chars et les armes, donnés par les *sadyk* qui n'entretiennent tout simplement pas leur matériel, étaient fatigués. Une fois équipée, tant bien que mal, notre escouade, commandée par Ratnik, est partie pour le théâtre des opérations.

L'épaulement d'un mètre et demi de haut nous abritait des mitrailleuses et du Zenit perché sur la djihad-mobile, qui sortait sans cesse de sa planque. La bataille durait depuis deux heures déjà, c'était comme si nous faisions face à un mur impénétrable. Les *doukhi* s'étaient retranchés derrière une zone totalement minée et tiraient avec tout ce qu'ils avaient sous la main pour nous refouler derrière les rochers et dans les replis de terrain, et nous empêcher de manœuvrer librement le long de la ligne de front et en profondeur.

Ratnik, qui était caché derrière un gros rocher, a attendu la fin d'une rafale pour sortir prudemment le bout du nez et évaluer la situation. Il sondait le terrain en faisant défiler dans son esprit les différents scénarios possibles. Soudain, tous les regards se sont tournés vers une imposante colonne de poussière d'argile qui s'élevait très haut du côté des positions ennemies. Quelques secondes plus tard, nous avons entendu comme un fort grondement de tonnerre. Une fougasse[1] avait explosé. Motor (le Moteur), qui essayait d'atteindre les *doukhi* avec sa mitrailleuse dans le secteur de la déflagration, a décollé sa joue de la crosse et crié : « Je crois que nos gars étaient là-bas, près du parapet. » Pendant un moment, nous avons scruté intensément l'endroit où la poussière était retombée dans l'espoir de distinguer du mouvement, mais une nouvelle rafale de Zenit nous a obligés à ramper à l'abri. Il nous restait un faible espoir que nos gars ne soient pas encore arrivés là-bas et que les *doukhi* aient déclenché la fougasse par erreur.

La situation tournait mal pour nous. Empêchés de contourner l'ennemi par les flancs, cloués au sol, nous ne pouvions que tenir la ligne que nous avions atteinte. Les djihadistes, retranchés sur des positions élevées, avaient l'avantage, leur contre-attaque pouvait coûter extrêmement cher aux Russes. Ratnik cherchait à renverser le rapport de force. Valoun (le Roc) avait installé en position de tir les Bardaks, de gros porteurs légèrement blindés, maladroits, qui transportaient des lance-grenades automatiques et un

---

[1]. Une fougasse est une mine improvisée en faisant un creux dans le sol ou de la roche et en le remplissant avec des explosifs et des projectiles.

canon antiaérien. Pour échapper aux missiles antichars ou aux tirs de gros calibre, ils sortaient à tour de rôle jusqu'à un emplacement relativement sûr, à l'abri des projectiles, et pilonnaient les cibles indiquées. Brity guidait le feu de ses tireurs. Madrid faisait ses calculs, corrigeait l'artillerie tout en essayant de suivre à la trace les manœuvres du Zenit des *doukhi*. Nos snipers étaient à l'œuvre avec leurs fusils qui ressemblaient plus à des canons légers. Un seul grain de sable venait gêner cette routine, mais il était de taille : les artilleurs n'avaient pas assez de munitions, ce qui les obligeait à économiser leurs salves. Les obus tombaient sur les cibles, à l'intérieur du périmètre des fortifications djihadistes, ce qui n'avait, du reste, aucune incidence sur la puissance de feu de l'ennemi.

Dès que nous tentions d'approcher, les mitrailleuses ouvraient le feu. Nous commencions à avoir l'impression que les *doukhi* étaient imperturbables, invincibles. Ni les fragments d'obus ni les ondes de choc ne parvenaient à les contenir. Ils sortaient à découvert, arborant leurs mitrailleuses pour tirer comme s'ils se moquaient de nous.

La voix de Baïkal, brouillée par la douleur, a retenti sur les ondes : « Commandant, je suis blessé. » Il était de ceux qui avaient été touchés par l'explosion de la grenade. Du même genre que celle qui m'avait mis HS la dernière fois. À l'époque, il avait eu de la chance, mais pas cette fois. Quelques semaines plus tard, plongé dans le coma, il mourrait à l'hôpital, en Russie. Après une courte interruption, on a entendu la voix rassurante de Mrak, qui dirigeait maintenant le peloton. Ce commandant de la quatrième escouade d'appui-feu n'était pas le premier dans l'ordre hiérarchique. Mais faisant preuve de sang-froid, et apte à conduire les opérations dans des conditions extrêmes, il avait tout naturellement endossé la responsabilité de chef. Il a rempli sa mission, ramenant son détachement sans plus de pertes et le redéployant en ligne de bataille. Ça ne me surprenait pas outre mesure. Lors de la mission précédente, l'hyperactivité de Mrak en avait agacé plus d'un, mais dans les moments critiques, il était toujours prêt à prendre les opérations en main, baïonnette au fusil. Je gardais un souvenir très précis du jour où ce gaillard agile et robuste, ignorant le danger, avait couru jusqu'au pick-up abandonné par son équipage, pour mettre le Zenit en sécurité. Dans de tels moments, la nature profonde de chacun se révèle, et la sienne était de la meilleure trempe. Oui, Mrak avait ses bizarreries, il avait du mal à s'entendre avec les autres, à cause de son manque de tact surtout, et de sa façon grossière de reprendre tout le monde. Mais ses qualités – le courage et la droiture – palliaient quand même tous ses défauts.

Après avoir supervisé l'évacuation de son commandant blessé, Mrak s'est mis aussitôt à réorganiser les formations de combat. Pendant ce temps, une des escouades avait percé vers l'avant mais, coupée du gros de nos troupes par des tirs intenses, elle avait dû se terrer. Mrak est parvenu à confirmer que le flanc gauche de notre peloton s'était bien trop déporté par rapport à sa direction initiale, et que la détonation de la fougasse, loin de tenir de l'accident, visait bien un groupe arrivé trop tôt au contact de l'ennemi. Qui ? Combien ? La probabilité de réchapper d'une explosion aussi puissante était nulle. Alors que les toubibs venaient à peine de partir en emmenant Baïkal, Mrak a annoncé : « Kolian est mort. Il a sauté sur la fougasse. » Parvenu au premier rempart, Kolian avait bondi en avant pour balancer une grenade, sans remarquer la mine. Déchiqueté par l'explosion, il avait été projeté sous le feu des *doukhi,* et ses camarades n'avaient même pas pu récupérer ce qui restait de lui. La guerre, avide de vies humaines, dévore en premier les jeunes les plus braves, ceux qui veulent prouver leur valeur aux vieux briscards et gagner le droit de s'appeler soldats. C'était la première mission de Kolian. Ce serait la dernière, aussi.

La bataille se poursuivait. Les mercenaires ne parvenaient pas à manœuvrer pour se déployer en ligne. En prenant Palmyre, les djihadistes s'étaient emparés d'entrepôts remplis d'armes et de munitions, notamment d'une considérable quantité de mines et de fougasses. Avec notre vieux Grad bancal, on a fini par abattre leur Zenit, qui a été aussitôt remplacé par un autre. Pour couronner le tout, les djihadistes avaient sorti une arme de marine semi-automatique sur une plate-forme mobile, si rapide que les obus atteignaient leur cible au moment même, quasiment, où l'on entendait la détonation. Les tirs produisaient un bruit de tonnerre avec une régularité angoissante. Tantôt les obus heurtaient les murs des fortifications, tantôt ils explosaient tout près de nos véhicules chargés de munitions, qu'il nous a donc fallu déplacer plus loin, à l'abri. Le peloton des soldats d'assaut de Nike s'est mis à creuser des tranchées. Autrefois lieutenant-colonel de l'armée régulière russe, Nike avait conservé un esprit sain dans un corps sain. Il ne montrait jamais de signes de nervosité ou d'agitation, même dans les moments les plus tendus. On était tous d'accord : il n'était ni sage ni rentable de s'attaquer de front à des défenses aussi bien préparées. Nous avions perdu deux hommes depuis le début de la journée. Les *doukhi* ne nous laissaient pas approcher, et nous ne disposions pas de ressources suffisantes pour faire face aux canons antiaériens et à l'artillerie mobile. Frapper les pick-up extrêmement mobiles ne reviendrait qu'à gaspiller nos munitions, déjà rares. Ratnik a pris une décision : « On se planque ici, et demain à l'aube on entre de l'autre côté, avec la réserve. Le principal est de ne pas abandonner la ligne déjà occupée et de préparer une manœuvre pour demain. »

Le soir approchait, le soleil disparaissait rapidement derrière l'horizon. Il fallait terminer le regroupement avant la tombée de la nuit, fixer précisément les itinéraires parcourus dans la journée pour approvisionner en munitions et en nourriture ceux qui allaient renforcer la première ligne – de nuit, il est facile de s'écarter de son chemin et de marcher sur une mine. En arrivant à la tente des toubibs où j'avais déplié mon sac de couchage, je me suis jeté sur la nourriture, mon estomac criait famine. De toute la journée, je n'avais mangé que quelques tablettes de chocolat que nous nous étions partagées. Nous n'avions rien pu nous procurer d'autre. J'ai ouvert le journal de bord. Mon actuel poste de chef d'état-major adjoint de la compagnie de Ratnik consistait en priorité à travailler avec des cartes et à remplir des rapports. Les séquelles de ma blessure auraient dû m'interdire l'accès aux formations de combat, mais j'avais demandé à y être affecté à un poste administratif, dans l'espoir que je tiendrais le coup. Dès le premier jour, déçu d'entrée de jeu par la qualité des armes que nous avions reçues, j'avais senti sans me l'avouer que je n'avais plus très envie d'aller au combat. Mon organisme avait vite flanché. Aujourd'hui, par exemple, je me sentais oppressé par tout ce qui s'était produit.

J'entendais la voix rauque de Motor engueuler l'un des snipers. Quelle verve ! Lui, je ne l'avais jamais vu déprimé ou mélancolique. Il avait toujours le verbe haut, plaisantait et taquinait. Il ne paraissait jamais triste, avait toujours le moral. Résistant comme une mule, il prenait vite ses marques, et comprenait instantanément dans quelle direction tirer et qui couvrir. Pendant la première mission, Motor et trois de ses camarades avaient tenu leurs positions alors qu'une centaine de Syriens de l'armée d'Assad fuyaient à l'approche des combattants d'Al-Nousra. Les mercenaires avaient repoussé l'attaque et tenu toute la nuit, empêchant les *doukhi* de les contourner. La voix joyeuse de Motor, ses sarcasmes et ses jurons ont fini par me dérider. Allez, ça suffit, la déprime. Personne ne m'avait forcé à venir ici.

27

LE PRIX DU SUCCÈS

À l'aube, comme prévu nous nous sommes mis en route. Cette fois, nous prenions l'ennemi par le flanc, contournant sa ligne de défense loin à l'est, sans nous risquer dans les champs de mines, le privant de son principal avantage. Nous avancions vers l'endroit d'où il était prévu de lancer la prochaine percée. Le peloton de Mrak nous y attendait déjà, car ses hommes et lui devaient sonder en premier la défense des *doukhi*.

Une rafale de mitrailleuse a retenti, soudaine et très proche. Les balles se sont écrasées par terre, tout près, entre Ratnik et moi.

— Oh putain, a crié Ratnik. Au pas de course ! Derrière le sommet !

Tout le groupe a couru comme un seul homme vers l'autre versant de la colline. Nous sommes arrivés là où, quelques jours plus tôt, le détachement de Satana avait combattu des djihadistes. Ces derniers avaient clairement compté sur l'effet de surprise pour déloger les gars de Satana de leurs positions en hauteur. Mais ce qui était une promenade de santé pour les combattants de l'EI lorsqu'ils avaient affaire aux Syriens, qui avaient d'eux une peur panique, s'était corsé avec les Russes. Les mercenaires avaient accueilli les *doukhi* avec une volée d'obus de mortier, assortis de grenades et de rafales de fusil automatique. Ici et là sur les pentes gisaient des corps de barbus, une quarantaine d'hommes, jeunes et vieux. Quand notre groupe est passé à proximité, Satana nous a montré cinq cadavres, figés dans la position où la mort les avait trouvés, saisissante composition. L'un d'eux était un garçon d'environ quatorze ans, il se serrait contre un homme âgé. L'adolescent était vêtu d'un gilet tactique de décharge, les poches bâillant sur des chargeurs métalliques de fusil automatique. L'arme avait déjà été récupérée par les mercenaires. Selon Satana, c'était un père et son fils. Un peu plus loin, trois combattants étaient étendus au sol, des hommes adultes, costauds, vêtus d'uniformes coupe-vent de bonne qualité et de confortables gilets tactiques. Visiblement, ces gros durs s'étaient cachés derrière des combattants qu'ils avaient allégrement sacrifiés. Cela ne les avait pas sauvés.

Le soleil était déjà assez haut dans le ciel et commençait à chauffer. Les soldats d'assaut qui avaient rejoint le détachement de Satana avançaient lentement, scrutant le sol devant eux et sous leurs pieds, chaque pas les rapprochant des fortifications adverses. Nous avons avancé en deux colonnes, l'une sous le commandement de Mrak, l'autre de Bespaly (Sans doigt). À droite, sur les pentes d'une petite chaîne montagneuse, progressait le détachement de Satana, qui menaçait d'encercler totalement le groupe de djihadistes. Les éclaireurs sont parvenus aux fortifications sans se faire remarquer. Trois combattants ennemis qui avaient baissé la garde ont été abattus à bout portant. Les djihadistes avaient immédiatement perdu toute possibilité d'appeler des renforts. Plus loin, progressant sur leurs trajectoires, les mercenaires occupaient ligne après ligne sans rencontrer de résistance : les *doukhi*, craignant l'encerclement, se repliaient. Entre-temps, ayant presque atteint les fortifications au pied desquelles avait péri Kolian la veille, Mrak s'est arrêté. La patrouille de tête avait repéré une mine camouflée précisément sur le chemin que les mercenaires devaient emprunter. Le peloton s'est couché en ligne de bataille et les démineurs ont commencé leur travail. Sans perdre de temps, ils ont tiré avec précaution une briquette d'explosif accrochée à un long bâton et ont mis le feu au câble conducteur qui l'entourait. Dès que l'étincelle a atteint la capsule du détonateur, l'explosion a retenti. Les éclats se sont éparpillés sans toucher personne. La voie était libre.

Les djihadistes battaient en retraite et, à mesure que nous avancions à travers leurs fortifications, nous comprenions mieux pourquoi ils nous avaient paru invincibles, alors qu'en réalité ils étaient tout à fait vulnérables, comme l'attestaient les traces de corps qu'on avait traînés et les taches de sang. Chaque fois qu'un combattant tombait, il était remplacé par un autre, qui continuait à tirer pour nous tenir à distance. Les soldats de l'EI sont des ennemis dangereux, inflexibles, prêts à mourir.

Il y eut encore une explosion familière, puis une autre. Camouflées par un spécialiste, les fougasses ont d'abord déchiqueté un soldat, puis disloqué un groupe en arrachant un pied à celui qui se trouvait en son centre. Des pertes, encore des pertes, nos victoires nous coûtaient trop cher. Après la deuxième explosion, l'ordre est tombé : « Stop, tout le monde. On n'avance plus que derrière les démineurs. » Chaque mètre carré était littéralement truffé de mines. Quand c'était possible, les démineurs les neutralisaient, sinon ils les faisaient sauter. Ces modestes artisans de la guerre se sacrifiaient pour sauver des vies. Une image s'est à jamais imprimée dans ma mémoire, celle des restes d'un démineur qu'on rapportait à la base, un gars du troisième détachement, dont on n'avait pu retrouver que la main et une partie de l'équipement.

À mesure que progressait le déminage, nous ramassions des trophées – armes et munitions – dans les fortifications capturées. Parmi les mitrailleuses chinoises étincelait un PK[1] de conception soviétique, flambant neuf. Pas besoin

---

1. Mitrailleuse kalachnikov

de se creuser la cervelle pour comprendre comment l'ennemi se l'était procuré : les djihadistes avaient mis la main dessus quand les alliés, paniqués, s'étaient retirés de Palmyre. Maintenant, elle nous visait, nous.

Ratnik m'avait renvoyé à notre point de départ du matin pour attendre la voiture qui rapporterait le corps de Kolian, finalement retrouvé. Ce qui restait de Zema, un novice comme Kolian, qui, lui aussi, avait sauté sur une fougasse, était enveloppé d'une toile cirée. Y avait-il un sens à tout ceci ? Je voulais croire que ces gars n'étaient pas morts pour rien ici, loin de leur patrie. Mais la Russie sacrifie trop souvent ses fils pour défendre les intérêts de roitelets cupides de par le monde. Le corps de Kolian a été descendu de l'Ural, et selon la procédure habituelle, a commencé l'examen de ce qui, il y a quelques heures encore, était un organisme vivant. Il fallait dresser la liste des biens trouvés dans ses poches. Des billets à moitié brûlés, des pièces, des bibelots, des jetons, une croix orthodoxe ont été mis dans des enveloppes pour être envoyés en Russie en tant que « cargaison 200[1] ».

Après avoir inspecté les dépouilles et les avoir placées dans des sacs mortuaires, j'ai cassé la croûte, avec un thé bouilli sur un réchaud à gaz. Les sentiments s'émoussent à la guerre, la faim jamais.

---

1. Jargon militaire pour désigner une dépouille : 200 kg, c'est le poids d'un cercueil de zinc avec un corps dedans.

La bataille n'était pas terminée. L'ennemi nous avait abandonné ses positions et s'était replié dans le désert vallonné, mais il était caché tout près et, bientôt, il s'est rappelé à notre bon souvenir. Le groupe de Mrak avait déjà presque atteint le sommet où commençaient les fortifications lorsque les soldats ont perçu comme un écho, porté par une bourrasque de vent. On aurait dit le moteur d'une puissante voiture, mais difficile de l'identifier exactement. Bien qu'un peu méfiants, les mercenaires ont continué à avancer : la fatigue gagnait, la vigilance se relâchait, car tous avaient envie d'arriver au plus vite pour se reposer.

L'explosion a dispersé les hommes dans toutes les directions. La salve de riposte tirée sur le char qui se carapatait à toute vapeur dans le désert est partie trop tard. Nos efforts étaient déjà tournés vers l'évacuation rapide de nos blessés, presque tous gravement touchés. On les a préparés au transport en leur appliquant des attelles ou en sanglant leurs entrailles de bandages. On se relayait pour tenir les perfusions. On les chargeait dans les Kamaz. Cette fois, la mort avait fauché Zak l'Ossète. Son corps déchiré n'a pas pu s'accrocher à la vie. Va, mon frère, jusqu'aux portes du royaume des cieux, tu as gagné ta place au paradis.

Le jour déclinait. Les mercenaires fortifiaient leurs positions de tir et installaient des abris pour se protéger de la nuit froide, parfois pluvieuse. C'était le début du printemps, mais la chaleur se faisait encore attendre.

28

LE MÉDECIN

Manouk a succombé à ses blessures dans un hôpital syrien. C'était un bon géant, qui avait sauvé de nombreuses vies sur le champ de bataille mais, cette fois, il était tombé sous une pluie de shrapnel en atteignant une hauteur que nous venions de prendre aux *doukhi*. Il avait traversé les défilés montagneux couverts de forêts de Lattaquié, et les falaises arides du désert de Palmyre. Toujours au combat, il risquait sa vie autant que les autres mercenaires, prêt à déposer son sac rempli de matériel de premier secours pour se pencher sur un blessé, le sauver de la mort et alléger ses souffrances.

Dévoué corps et âme aux préceptes tacites de la médecine de guerre, Manouk adhérait fermement à une règle qu'il jugeait universelle : le professionnalisme de la personne qui dispense immédiatement les premiers soins sur place est une garantie de survie, même en cas de blessure très grave.

Lors du déploiement précédent, je m'étais souvent retrouvé dans la même compagnie que

Manouk, ce grand gaillard souriant, et l'avais vu panser les blessures et organiser l'évacuation des blessés. À vrai dire, il faisait le travail d'un auxiliaire sanitaire, mais ses connaissances et compétences étaient bien plus étendues – du niveau d'un médecin militaire. Ses soins permettaient de nous garder en vie et dans un état acceptable le temps de nous envoyer à l'hôpital.

On sait depuis longtemps qu'à la guerre la plus grande partie des pertes est due à des premiers soins tardifs ou mal dispensés. Manouk, lui, faisait tout son possible pour redresser cette statistique. Des fragments de nos brèves discussions me revenaient : au repos, autour d'un feu, à boire un café syrien parfumé ; au combat, à l'abri des balles ennemies. Manouk ne s'était jamais fâché avec personne. Il avait pu hausser le ton de temps à autre pour expliquer son point de vue, mais jamais n'avait fait de scandale.

Comme tous ses camarades, Manouk ne craignait pas d'aller au combat. À ce sujet, je me suis souvenu du jour où il avait engueulé l'auxiliaire sanitaire Andrioukha qui, armé d'un simple pistolet, avait avancé sous les tirs jusqu'au premier poste des *doukhi*, ou bien de la fois où Térapevt (le thérapeute) s'était précipité, à découvert, pour faire son travail à l'endroit où un obus était tombé. Tous, indéniablement, étaient de véritables guerriers.

29

LE TRANSFERT

La journée était consacrée au déménagement – notre unité avait été relocalisée à l'usine de Hayyan, que nous avions reconquise nous-mêmes, et qui allait devenir pour longtemps notre « maison » en terre syrienne. Utiliser l'usine comme un bastion avait une fonction stratégique importante : sécuriser les champs pétrolifères voisins, qui venaient d'être libérés. Les commodités ne manquaient pas, notamment une cafétéria bien équipée et même une piscine près de l'une des résidences. L'isolement de l'usine, située en plein désert, ne manquait pas d'attrait : il nous mettait à l'écart du commandement du contingent russe et des autorités syriennes, et nous faisait oublier un peu. Les gens du coin non plus n'avaient pas besoin de savoir ce qui se passait dans le camp de base des mercenaires. Le seul inconvénient tenait au rugissement incessant des énormes flammes qui sortaient de la cheminée effondrée. On aurait dit le vrombissement des moteurs d'un avion au décollage. Mais nous devions nous habituer rapidement et au bruit et à la torchère, au point de ne plus les remarquer.

Nous pliions les tentes, rangions nos possessions et démontions le coin douche fabriqué en caissons. Comme il n'y avait pas beaucoup de véhicules disponibles pour le transfert, il nous a fallu faire plusieurs voyages, ce qui nous a conduit au petit matin. En sortant de la tente de commandement, j'ai remarqué immédiatement que notre bon vieil Ural approchait. Mais, va savoir pourquoi, le camion n'est pas allé directement vers notre emplacement, il a fait un virage et s'est arrêté un instant devant les tentes des radios. Puis Chakhid est venu se garer devant moi. Après les salutations d'usage, je lui ai demandé en passant les raisons de ce détour. J'ai posé ma question comme ça, sans arrière-pensée. Mais c'était comme s'il avait passé tout le trajet à préparer sa réponse. Il s'est aussitôt récrié :

— Alors quoi, il aurait fallu que je me coltine jusque là-bas les affaires de leur radio blessé ? J'ai déposé son sac à dos, c'était sur ma route.

— Mais personne ne te reproche rien. Tu as bien fait. Évidemment que ça ne servait à rien de traîner ce gros sac jusque-là.

Après cette sortie, je n'avais pas la moindre envie de poursuivre notre discussion. Je suis parti en direction de la grande tente de commandement. Les gens sont bizarres. Ils prennent tout mal et pensent sans cesse qu'on cherche à les accuser de quelque chose. Ils prennent le mors aux dents, se ruent comme des chiens de garde attachés à leur chaîne, sans même essayer de comprendre ce qu'on leur dit. Est-ce qu'on était tous comme ça, ici ? Est-ce que moi aussi, j'étais devenu comme eux ? Il fallait que je fasse attention... J'ai pris les raccourcis pour arriver plus vite au QG. La nuit tombait vite et les allées du camp, à peine visibles dans la pénombre du soir, étaient pleines d'embûches, on pouvait se faire vraiment mal, sans lampe torche. J'ai franchi un dernier petit remblai et suis parvenu à une route bien plane, plus près du QG. C'est alors que je me suis arrêté, hypnotisé. Loin devant, quelque part au-dessus de Palmyre, des éclairs déchiraient le ciel nocturne. La lueur variait en couleurs et en intensité. Ce gigantesque panorama multicolore me rappelait les aurores boréales, sauf qu'au lieu d'une lumière aux couleurs gracieusement mouvantes, une danse rapide d'explosions illuminait le ciel. Mais c'était l'heure d'aller au rapport, et, détachant à contrecœur mon regard de ce miracle naturel, je suis entré sous la tente faiblement éclairée.

Le centre de contrôle était presque vide : l'état-major avait déjà déménagé, il ne restait plus qu'à replier la tente. Attablé à un jeu de cartes, Blondin n'avait pas l'air de bonne humeur. Il ne m'a pas tendu la main pour me saluer. Son poste venait avec des emmerdes. Le commandement de l'unité russe, obéissant aux ordres d'en-haut, multipliait les pressions sur les mercenaires, limitant notre approvisionnement en munitions, alors que, cette fois comme pendant la précédente campagne, ils avaient besoin de nous pour remplir leurs objectifs militaires. Le manque d'obus et de grenades nous rendait vulnérables face à l'ennemi. Blondin en était bien conscient, mais il savait aussi que cette fois les combattants de la SMP n'étaient pas suffisamment préparés. De leur côté, les Syriens, qui avaient invité les mercenaires à reprendre les champs pétrolifères, récupéraient les gisements sans s'empresser de remplir leurs obligations contractuelles. À différents niveaux, officiels comme officieux, tous les moyens étaient bons pour réduire la part qui nous était due.

L'Orient a ses propres règles, et le respect des accords n'est pas un principe répandu ici. Il serait plutôt perçu comme une faiblesse. Blondin se trouvait à la jonction de ces problèmes, et sa grossièreté ne m'a pas vexé : il était épuisé. Ayant fait mon rapport sur « qui se trouvait où et en quel nombre », je me suis dirigé vers la sortie, mais Blondin, ou VV comme on l'appelait dans son dos, a exigé, sans façons, que je lui explique les abus commis dans le régiment. Selon ses informations, c'était moi qui avais pistonné Mrak pour qu'il soit désigné commandant de peloton ; c'était moi qui avais convaincu Ratnik de nommer mon ancien subordonné à ce poste, mais bien entendu pas gratuitement, « en échange d'un pot-de-vin ». De plus, cerise sur le gâteau, Mrak s'était également vu promettre une décoration. Blondin n'était pas en train de vérifier cette information auprès de moi, mais de m'accuser, à brûle-pourpoint. Je me suis retenu de lui voler dans les plumes et lui ai répondu calmement :

— Mrak a pris les rênes à un moment critique, quand son commandant était à terre. Il a prouvé qu'il était le meilleur dans ces conditions et qu'il méritait cette responsabilité. Pour ce qui est des médailles, l'État se garde bien de nous en remettre officiellement, tout le monde le sait. Personne ne se laisserait berner par d'aussi vaines promesses.

Blondin a écouté ma réponse et m'a congédié d'un geste, en mode « nous en reparlerons plus tard ». Ne voyant pas l'intérêt de poursuivre cette conversation, j'ai tourné les talons et suis sorti. Malheureusement, les rumeurs et les cafardages ne faisaient pas l'objet d'enquêtes méticuleuses dans la légion, les dirigeants prenaient pour argent comptant la première chose qu'ils entendaient, sans essayer d'établir s'il y avait eu diffamation ou réelle infraction au règlement. Clairement, quelqu'un avait raconté à Blondin ou à un autre chef l'histoire de Mrak dans l'intention de lui nuire, et c'était devenu la version officielle – personne n'avait le temps de vérifier.

Il est vrai aussi que Ratnik occupait une place particulière au sein de la SMP. Pour un certain nombre de « chefs » (c'est ainsi que les mercenaires appellent entre eux ceux qu'ils rechignent à qualifier de commandants), il était un caillou dans leur chaussure. Son professionnalisme militaire et ses qualités d'officier de combat ne manquaient pas d'éveiller la jalousie, derrière une bienveillance de façade. Voilà que moi aussi je me retrouvais dans le pétrin. Peut-être qu'on s'était rappelé ma sortie avec le Serbe Volk et ma promotion inattendue. Quelle plaie ! J'ai inspiré une grande bouffée d'air frais pour me calmer. Bouillonnant d'indignation, j'avais envie de faire demi-tour et de dire à Blondin ses quatre vérités, mais le bon sens a triomphé. Raisonnable lui aussi, Ratnik finirait par démettre Mrak de ses responsabilités : fuyant les conflits avec la hiérarchie, il était prêt à tout pour les éviter et préserver de bonnes relations de travail. Il connaissait bien le cœur humain.

J'ai levé de nouveau les yeux vers le ciel. Le spectacle lumineux a duré encore quelques heures. Quel pays singulier, avec ses cités antiques et ses anciennes citadelles, ses phénomènes naturels étonnants, ses montagnes et ses déserts d'une beauté saisissante ! Ses champs cultivés qui donnent deux récoltes par an, ses vergers luxuriants, ses oliveraies ombragées, sans parler du pétrole et du gaz. Et pourtant, quelle vie de chien !...

Mon humeur ne s'est pas améliorée lorsque j'ai regagné mon détachement. En mon absence, tous ceux qui avaient participé au déménagement se plaignaient des uns et des autres. Effervescence et petites querelles habituelles. Le camp de base, c'est comme un exutoire. Ici on se lâche, on se chicane pour une vétille. Et au matin, comme si de rien n'était, on se serre la main. Au front, en revanche, les conflits sont inadmissibles et si des altercations se produisent, l'engagement général dans le combat ne laisse plus de temps pour les querelles.

30

DE NOUVEAU, PALMYRE

Et de nouveau, Palmyre. Début mars, comme un an plus tôt, c'est sur les mercenaires que reposait en grande partie la libération de la ville que l'armée syrienne avait lâchement abandonnée aux combattants de l'EI. Ça n'avait rien d'étonnant. Palmyre avait été défendue par un groupe composé d'unités hétérogènes de l'armée syrienne et de soldats mal formés, sans aucune volonté de se battre, dirigés par des dilettantes hautains et cupides, bardés de galons et de grosses étoiles mais totalement incapables. Les conseillers russes devaient faire avec. Ils n'étaient pas autorisés à modifier la structure des forces armées syriennes, surtout qu'eux-mêmes avaient loupé l'attaque de l'EI sur Palmyre.

Les djihadistes avaient débuté l'offensive à leur manière habituelle, en lançant des voitures remplies d'explosifs, pour provoquer une panique totale dans les rangs syriens. Le gros des défenseurs, sans même faire mine de résister, avait détalé. Les combattants de l'EI, à bord de leurs pick-up, avaient ensuite pourchassé dans le désert les groupes de soldats syriens en fuite. C'est triste à dire, mais les divisions du contingent russe à Palmyre ne s'étaient pas plus distinguées. Abandonnant leurs dépôts remplis d'armes sans même tenter de les détruire, ils s'étaient repliés ventre à terre vers leur base-arrière. Plus tard, pour justifier tant bien que mal cette honteuse défaite qui ferait le tour du monde, une jolie légende serait inventée, celle de troupes de l'EI fortes de quatre mille hommes armés jusqu'aux dents, devant qui la valeureuse armée syrienne, après avoir vaillamment défendu chaque mètre de terrain, avait dû battre en retraite. En réalité, les djihadistes étaient à ce moment-là pressés de toutes parts et leurs effectifs avaient largement fondu. Quatre ou cinq cents hommes, tout au plus, avaient avancé sur Palmyre. Mais c'est à cela que sert la propagande, à transformer une défaite ignominieuse en victoire héroïque.

Le commandement russe, ne comptant plus sur les capacités des alliés, s'est bien gardé de réinventer la roue et a recouru au même plan que l'année précédente, pour reprendre Palmyre. En substance, les mercenaires constitueraient à nouveau la principale force d'attaque et prendraient le contrôle de la crête au sud, tandis que l'armée syrienne progresserait le long de la route pour atteindre les faubourgs. Ensuite, les mercenaires « déborderaient » par le flanc et prendraient l'aéroport pour couper les voies de repli des *doukhi*. Ces derniers, les généraux russes en étaient convaincus, n'auraient d'autre choix que de fuir la ville et de se replier vers l'Irak et plus au nord.

En approchant des faubourgs, les mercenaires ont écrasé les faibles lignes de défense de l'EI et se sont préparés à l'assaut final. Ils attendaient que Nike et Inostranets reviennent de la crête rocheuse. Avec Nike, toujours calme et raisonnable, et l'impulsif Inostranets, deux forces contraires se complétaient et se renforçaient. Et puis tous deux avaient éprouvé et vu la mort de près. La veille, ils avaient emmené leurs pelotons le long de la crête pour fournir une couverture à la colonne de *sadyk* qui avançait sur la route. Après une nuit passée sous la pluie et le vent, dans les rochers froids, les mercenaires, à cran et affamés, étaient descendus vers les faubourgs de Palmyre en passant par la ville antique. Devant eux se dressaient des immeubles autrefois habités, entourés de hauts murs de briques, avec des réserves remplies de munitions toujours sous le contrôle des djihadistes. Dès que les mercenaires se sont montrés, les mitrailleuses ont commencé à tirer depuis les toits. En colère pour de bon, fatigués par la traversée des montagnes et la mauvaise nuit, rêvant de se réchauffer sous un toit et de souffler ne serait-ce qu'une heure, les mercenaires ont alors avancé plus vite, par étapes, vers la zone des bâtiments occupés par les *doukhi*, répondant aux tirs de l'ennemi par des tirs de mitrailleuses et de lance-grenades automatiques. Par ailleurs, guidé par Nike et Inostranets, Grom (Tonnerre) les a avoinés de roquettes. Incapables de résister à une attaque aussi déterminée, les djihadistes se sont engouffrés dans leurs pick-up, abandonnant sur les toits leurs mitrailleuses trop lourdes, pour se replier vers la ville.

Le temps que le reste des mercenaires atteigne les bâtiments pris à l'EI, les éclaireurs d'Inostranets et les troupes d'assaut de Nike avaient pu se reposer et se sécher au soleil. Mais pas question de perdre du temps, la direction exigeait une attaque immédiate. Toutes les décisions à venir seraient prises à la hâte afin de respecter les délais impartis.

Ployant sous le poids des munitions et des armes, jurant et pestant, nous avancions en colonne vers l'aéroport, contournant les jardins par l'est. Soudain, sur notre flanc droit, sont apparus deux véhicules, sûrement des djihadistes, qui filaient à toute allure vers nous. Le char qui couvrait notre progression a fait feu dans un bruit de tonnerre. Raté. Un second tir, encore manqué : difficile d'atteindre une cible en mouvement, surtout avec des armes vétustes, qui avaient depuis longtemps dépassé leurs délais d'exploitation. Mais soudain quelqu'un nous a demandé par radio de cesser le feu : il s'agissait d'un chef de guerre ennemi récemment passé du côté du gouvernement. Personne ne s'est demandé ce qu'il faisait si loin des opérations de l'armée syrienne ni pourquoi nous n'avions pas été prévenus à temps de sa manœuvre incompréhensible. Dommage que nous l'ayons manqué, cette saloperie avait sûrement un sauf-conduit pour exfiltrer ses hommes, avant que les Russes ne leur fassent la peau !

En arrivant à l'endroit qu'on nous avait indiqué, nous avons fait une autre rencontre inattendue : pas très loin devant nous, à environ quatre cents mètres, une vingtaine d'hommes vêtus de manteaux noirs et sable couraient vers l'aéroport, armes à la main. Nous avons aussitôt ouvert le feu. Les silhouettes ont pressé le pas, ramassant leurs camarades à terre. Et de nouveau, la voix de l'interprète dans la radio : « Ils sont avec nous ! » On n'y comprenait plus rien. D'où pouvaient bien venir ces *sadyk*, et pourquoi fuyaient-ils ? Le temps d'éclaircir la situation, le groupe de fuyards avait disparu. Nouveau message : « Non, en fait ils n'étaient pas avec nous, c'étaient des djihadistes. » C'est là que nous avons compris : à la demande de divers chefs de guerre alliés, les Syriens se débrouillaient pour que les combattants de l'EI échappent aux mercenaires russes, car avec nous, pas question de passer des accords ni de trouver des arrangements, d'autant plus que, dans cette guerre, nous devions faire comme si nous n'étions pour ainsi dire pas là.

Il restait encore près de quatre kilomètres jusqu'à l'aéroport. Nous avancions en fouillant les bâtiments et tout ce qui pouvait servir de cachette. Ratnik, qui marchait en donnant des précisions à Nike, Mrak et Inostranets, s'est exclamé tout à coup : « C'est qui ça encore ? » Persuadés que leurs arrières étaient couverts par les Syriens, les mercenaires n'avaient pas remarqué, à cause du bruit des moteurs, que sur le flanc droit s'étendait une colonne formée de trois chars et cinq véhicules de combat d'infanterie, remplis d'hommes portant l'uniforme des troupes gouvernementales. Grâce à Gnom, notre opérateur radio, nous avons eu le fin mot de l'histoire : un détachement de *sadyk*, qui avançait sur notre gauche, avait aperçu devant nous des *doukhi* prêts à ouvrir le feu. Courage, fuyons ! Le commandant avait aussitôt décidé de passer sur le flanc droit des mercenaires. L'air de rien, ses hommes et lui avaient mis les bouts pour gagner une position moins dangereuse, leur troupeau se mêlant aux conseillers russes qui n'avaient même pas essayé d'intervenir. Désormais, les mercenaires agiraient sans la moindre information sur ce qui se passait sur leur flanc gauche ni à l'arrière, puisqu'ils n'avaient aucune garantie que les Syriens respecteraient le plan original des opérations.

S'enfonçant toujours plus loin dans la végétation, le détachement des mercenaires approchait progressivement de son objectif. Les feuilles denses des oliviers qui avaient pris leurs aises, obstruaient la visibilité. Les canaux d'irrigation et les accidents de terrain compliquaient la progression. Outre les huttes et bâtiments disséminés, nous butions sur des abris souterrains et des refuges, dissimulés sous les feuillages.

En franchissant un fossé, l'un des blindés, qui nous servait de poste de secours mobile et de moyen d'évacuation, s'est soudain affaissé, sa chenille gauche manifestement endommagée. Il s'était enfoncé dans une sorte d'abri en bois. Immobilisé sur le flanc, il était complètement bloqué. Les médecins, sous la direction de Térapevt, se sont mis à creuser pour le dégager.

Bientôt, les mercenaires ont atteint l'enceinte de l'aéroport. Étrangement, en dépit des destructions, la clôture était absolument intacte. À la droite des Russes s'est établi le détachement « flottant » des alliés. Aussitôt, les Syriens ont commencé à arroser la zone de l'aéroport, lançant à l'aveugle des obus sur les hangars et bâtiments. En réponse, ils ont reçu un missile de lance-grenade, qui a tourbillonné plusieurs fois avant d'atterrir à plat sans toucher le véhicule de tête. Les *sadyk* ont immédiatement reculé à bonne distance puis ont repris leurs tirs désordonnés, restant collés au blindé, comme des mouches. Il ne leur était pas venu à l'idée de descendre de leurs véhicules pour mener une attaque à pied.

Inostranets et ses éclaireurs s'étaient couchés près de la clôture et échangeaient des tirs avec les combattants de l'EI réfugiés derrière des parapets dressés à la pelleteuse. Ratnik ne se pressait pas pour donner l'ordre d'avancer. La situation restait confuse, les communications radio provenant des alliés et du commandement russe étaient d'une imprécision consternante.

Nike et Mrak avaient également déployé leurs pelotons le long de l'aéroport. Mais Ratnik prenait son temps, hésitant à se précipiter sur les pistes de décollage et vers les hangars, alors qu'il ne savait pas ce qui se passait à sa gauche et derrière lui.

Comme on l'a vu, il était risqué de laisser progresser notre arrière-garde jusqu'à l'aéroport, mais avancer encore sans disposer de munitions en suffisance était tout aussi hasardeux. Les éclaireurs continuaient de sonder la ligne de front, et en réponse les *doukhi* mettaient le paquet pour nous empêcher de traverser la clôture. Soudain, les soldats de Gorets (le Montagnard) ont aperçu devant eux, à une cinquantaine de mètres, tout un groupe de djihadistes, surgi de terre. Sortant avec agilité d'une profonde tranchée, ils se sont précipités, l'un après l'autre, vers le flanc droit, où combattait Inostranets. Gorets a attendu que le dernier homme ait quitté l'abri et que leur colonne entière s'étire le long de notre ligne pour crier : « Feu ! » Une puissante salve tirée presque à bout portant a envoyé la moitié des combattants à terre. Les autres ont couru se réfugier dans de petits bâtiments à côté des hangars, en zigzagant et se jetant dans le premier fossé venu.

Dès que les derniers *doukhi* ont disparu dans leur abri, notre char d'appui, conduit par Glyba (le Bloc), a craché son explosif. Une fumée noire a enveloppé le bâtiment. Cependant, les djihadistes n'ont pas eu l'air trop affectés par leurs pertes, au contraire, leur haine pour les Russes n'a fait que croître, déclenchant des tirs plus nourris encore. Soudain, il nous a semblé qu'ils étaient sur le point de lancer une attaque. Un mitrailleur a sauté sur le parapet et, répétant « Allah Akbar », a ouvert le feu dans notre direction, au moment précis où Gaskonets (Gascon), le mitrailleur du peloton d'Inostranets, cherchait un meilleur endroit pour positionner sa mitrailleuse. Alors que le combattant enragé se tenait debout sur son parapet, Gaskonets a accepté le défi. Le kamikaze djihadiste et le mercenaire russe, séparés par un faible espace, se faisaient face, le canon de leur arme braqué vers l'autre. En une seconde, tout était fini. Gaskonets, la tempe éraflée par une balle, s'est effondré sur le côté en se tenant la tête. Le corps de l'ennemi, une tache noire sur le haut remblai de calcaire blanc, était tombé en avant, ses mains sans vie tendues vers son arme qui avait glissé plus bas.

Gaskonets était un cosmopolite, mais russe dans son âme. Il avait intégré les rangs de la SMP après être passé par l'école de la Légion étrangère dont il avait participé à plusieurs missions. Grâce à son titre de séjour français, il aurait pu bien gagner sa vie dans la patrie des trois mousquetaires. Et pourtant, dès qu'il avait appris qu'on enrôlait chez les mercenaires, il s'était empressé de signer. Avec son physique débonnaire, il suscitait la sympathie, et, malgré son âge, la quarantaine bien entamée, il ne se séparait jamais de sa mitraillette favorite, une arme plutôt lourde et encombrante, et s'arrangeait toujours pour être au bon endroit au bon moment.

Ratnik a pris la décision de faire reculer les mercenaires à l'abri dans la végétation qui entourait l'aéroport afin de donner à Madrid l'occasion d'ajuster les lance-grenades de Bandit et d'orienter les hélicos. À la grande joie des mercenaires, l'aviation arrivait en soutien, pour arroser toutes les fortifications de djihadistes. Pourtant, dès que Nike a tenté de changer de position, un barrage de feu provenant des tranchées adverses l'a stoppé net. Les *doukhi* s'obstinaient.

Le jour touchait à sa fin. Il fallait absolument prendre une décision. Ratnik, déçu, a grommelé : « C'est fini, bordel, on se resserre en cercle, on n'ira pas plus loin ». Je n'étais pas surpris, depuis le temps que je le connaissais. Il m'avait appris cette règle : au moindre doute, arrête-toi, souffle un peu et réfléchis calmement à la suite. Ratnik s'inquiétait, de toute évidence, d'une absence d'information claire sur ce qui se passait sur les flancs et à l'arrière de son détachement, et puis les *doukhi* s'étaient bien carrés dans leurs fortifications, qui n'étaient que les avant-postes de l'énorme territoire de l'aéroport. En avançant, on pouvait très facilement se retrouver en terrain plat, complètement à découvert, piégés.

Tout le détachement s'est mis en mouvement, se réorganisant pour assurer un bivouac sûr à l'abri de la végétation. Il y a eu un moment d'agitation, bref mais inévitable : l'un n'avait pas bien compris, un deuxième n'avait pas entendu, un troisième s'était mal exprimé. Finalement on s'est installés sur le terrain d'une vaste ferme abandonnée depuis longtemps, avec un grand verger et une plantation. Les bâtiments en ruine ne pouvant abriter qu'une partie des mercenaires, les autres sont restés dehors, à creuser de petites tranchées et élever des remblais. Je me suis préparé un endroit pour dormir. Mon esprit, vidé par la fatigue physique de cette longue journée, ne fonctionnait plus que par à-coups. C'est un état très dangereux. Je n'étais pas prêt à endurer une telle charge, mon corps n'avait pas recouvré sa capacité à supporter des marches de plusieurs kilomètres ou le stress du combat. En tant que commandant, à cet instant, je valais zéro. Il fallait absolument que je me repose.

Il faisait nuit noire. Le ciel s'est couvert de nuages et une bruine agaçante s'est mise à tomber. Nos réserves d'eau s'épuisaient, nous avions depuis longtemps fini nos maigres rations. De longues heures s'étiraient devant nous, d'autant plus éreintantes que nous n'aurions même pas le confort minimum. Tout le camp a dormi par intermittence, et pas seulement les veilleurs. Transis de froid, nous attendions tous avec impatience le retour du soleil.

À l'aube, un véhicule transportant de l'eau, des rations sèches et nos indispensables munitions s'est frayé un chemin vers nous, en contournant les jardins abandonnés devenus des jungles impénétrables. Ragaillardis, un peu réchauffés par les premiers rayons de soleil, nous nous sommes préparés à la bataille.

Le détachement attendait le signal. Les servants de mortier pilonnaient méthodiquement les endroits d'où tiraient les *doukhi*, que nous avions repérés la veille. Après les mortiers, les chars ont pris le relais et envoyé une salve, provoquant un sifflement dans nos oreilles. Aussitôt, les lance-grenades automatiques se sont mis à aboyer. Entre les hangars, le dépôt de munitions a été directement frappé et s'est enflammé, avant d'exploser. Les soldats de Nike se sont rués pour franchir les ouvertures que nos sapeurs avaient pratiquées dans la clôture. Les chars ont ouvert deux passages de plus pour les éclaireurs de Mrak. Alors, la marée des mercenaires a envahi l'aéroport. Plus rien ne pouvait l'arrêter. Au même moment, du nouveau se passait en ville. Appuyés par les forces spéciales russes, les Syriens, qui menaient l'offensive depuis la route de Homs, avaient enfin progressé vers la citadelle et atteint les faubourgs de Tadmor. Les *doukhi*, craignant d'être encerclés, se sont vite repliés, évitant le combat, et bientôt tout le secteur de l'aéroport était sous le contrôle des mercenaires russes.

Nous avions conquis ce territoire au prix de notre sang et de notre sueur. Sortis de nulle part sur leurs jeeps américaines flamboyantes, des moukhabarats arrogants ont bien tenté de pénétrer à l'intérieur de l'enceinte, mais notre réponse

a été succincte : « Allez-vous faire foutre ! »
Finalement, Ratnik a admis les connards qui, la veille, s'étaient débinés d'un flanc à l'autre derrières les mercenaires, mais seulement après que le colonel russe qui les accompagnait a plaidé leur cause avec une « émouvante sagesse » : les vainqueurs doivent savoir être magnanimes.

Les *doukhi* ne se sont pas repliés bien loin, juste derrière la crête. À la différence des Syriens des forces régulières, ils n'avaient pas l'habitude de paniquer et de s'enfuir à toutes jambes. Ils se sont bientôt mis à pilonner l'aéroport depuis des abris préparés depuis longtemps. Plusieurs de leurs armes se sont mises à tirer en même temps. Le premier obus a touché un grand eucalyptus aux larges feuilles, sous lequel s'abritaient les éclaireurs. D'un bout à l'autre de la plaine, les postes d'observation des mercenaires recherchaient le moindre indice des positions adverses. Sur les indications des observateurs, les gars de Brity et de Bandit ont déployé leurs lance-grenades. Bientôt, ils ont été rejoints par les alliés, qui avaient des fusils plus puissants et des missiles.

Soudain, franchissant sur leurs blindés légers les brèches de la clôture, des soldats des forces spéciales russes se sont élancés sur la piste. Soit dit en passant, ce sont les seuls représentants des forces armées russes que nous avons rencontrés sur le front. Je me suis surpris à les regarder avec une certaine bienveillance. Bien bâtis, énergiques, pas méprisants pour un sou (croire qu'on peut passer pour un dur face à un mercenaire est peine perdue), les commandos des forces spéciales (SSO) étaient la preuve éclatante que les grands héros des terres russes n'avaient pas encore disparu. Une demi-heure plus tard, leur canon antichar avait abattu un camion qui se faufilait à toute vitesse entre les positions abritées des *doukhi*. Des hélicoptères ont fait leur apparition, tournant comme un manège au-dessus de nos têtes. Volant en formations de deux et se relayant sans cesse, ils lâchaient des salves de missiles précisément sur les cibles indiquées par les commandos.

Le bourdonnement incessant de moteurs d'hélicos, ponctué de tirs d'armes à feu et de missiles, avait duré pendant trois heures quand, enfin, on a eu l'explication de cette démonstration de force : le cortège du commandant est apparu sur la piste. Escorté par les mêmes commandos des forces spéciales, le commandant, bouffi d'orgueil, a déambulé au milieu des hangars, pour la plupart remplis de chars brûlés. Certains, en service, servaient encore récemment aux *doukhi*, d'autres étaient conservés pour leurs pièces détachées. Le général a enregistré un court rapport vidéo et s'est éloigné. Pendant tout le temps qu'il a passé au milieu de nous, il a bien pris garde de nous ignorer, nous, que notre uniforme, son absence de signes distinctifs, distinguait au premier coup d'œil des soldats de l'armée syrienne ou des militaires russes. Le général confirmait ainsi qu'il ne voulait rien savoir de nous et surtout ne reconnaîtrait sous aucun prétexte que c'est nous qui avions pris l'aéroport, et non les nobles guerriers de l'Armée syrienne dirigés par des conseillers russes hautement qualifiés. Dans son rapport à sa hiérarchie, le commandant russe allait décrire comme insignifiante, sans véritable impact sur le cours des opérations, l'implication des mercenaires dans la prise de Palmyre. Selon lui, c'était tout juste si nous n'avions pas attendu, à l'arrière, que ça se passe tandis que les autres risquaient leur vie.

Maintenant, il fallait au plus vite remplacer le peloton de Bespaly, que Ratnik avait laissé aux abords de la ville pour protéger l'arrière. Le détachement d'alliés promis par le commandement n'avait pas l'air pressé d'aller les relever. Ratnik m'a embarqué vers le QG.

Le chemin traversait la ville antique. J'ai fait quelques pas parmi ces ruines, vestiges d'une grandeur passée. J'étais sidéré : comment les bâtisseurs d'alors avaient-ils réussi, sans pelleteuses, sans grues, à construire de telles choses ? Comment les prédécesseurs des Arabes qui vivaient aujourd'hui sur ces terres avaient-ils réussi ce tour de force ? Prédécesseurs, et non ancêtres. Je ne peux pas me résoudre à considérer comme leurs héritiers ces gens qui n'ont construit dans le désert que quelques petites villes délabrées et jonchées d'ordures. D'ailleurs, les Arabes se montraient généralement insensibles aux chefs-d'œuvre de l'Antiquité. L'idée selon laquelle tout n'avait commencé qu'avec l'arrivée de l'islam, qu'avant il n'y avait que saleté et ignorance, était très répandue parmi eux. L'EI était seulement allé plus loin dans le mépris de ce patrimoine culturel, procédant également à sa destruction active.

L'année précédente, Ratnik avait eu l'occasion de visiter la ville antique, et il pouvait faire l'inventaire des changements qui s'étaient produits depuis que les djihadistes en avaient pris le contrôle. Il me montra les parties de l'amphithéâtre aujourd'hui à l'état de ruine et l'endroit où s'était dressé jadis le fameux arc de triomphe, ce symbole de Palmyre. Les vieilles pierres roses, les panneaux ornés de mosaïques, les bas-reliefs sur les murs et les colonnades forçaient l'admiration. Seul des fous avaient pu lever la main sur un tel ouvrage et le détruire. Pendant l'assaut, les murs de la citadelle où s'étaient retranchés les djihadistes avaient résisté à des obus de gros calibre. À l'époque où ils avaient érigé cette forteresse, les bâtisseurs ne pouvaient imaginer la puissance destructrice de l'artillerie moderne, mais ils avaient bâti pour durer et résister aux nombreux siècles à venir et le résultat était un véritable chef-d'œuvre de fortification.

Le centre de commandement des conseillers russes se trouvait sur l'immense domaine d'un riche manoir, qu'entourait une jolie clôture. Les conseillers s'étaient confortablement installés dans le bâtiment principal dont l'intérieur rappelait plus un sanatorium qu'un abri temporaire. Notre conversation avec les officiers a été courte mais instructive. Le colonel aux commandes a reconnu clairement qu'il n'était pas en mesure de nous apporter la relève que nous exigions. Il ne pouvait pas réunir suffisamment d'hommes dans les unités dont il disposait : la moitié du groupe qu'il avait formé plus tôt avait déserté. Quelle armée héroïque, quel peuple à la foi inébranlable en son Président ! Le colonel nous a offert un café et nous a raconté sa vie, laissant échapper entre deux phrases qu'il avait obtenu cette mission grâce à un pot-de-vin correspondant à son premier mois de salaire sur un théâtre d'opérations. Il considérait son séjour en Syrie comme un bon investissement pour l'avenir. Avec les primes, il empocherait un juteux bénéfice et son statut de combattant lui vaudrait de toucher tout un tas de primes et indemnités. Et ce n'est pas tout, dans son CV de fonctionnaire, cette ligne serait évidemment un atout pour sa future carrière. Ce colonel deviendra peut-être un jour général, mais il passera sous silence dans ses mémoires le fait qu'il a acheté ses galons dorés et ses glorieuses médailles. En revanche, il écrira qu'en bon soldat, répondant à l'appel de la patrie, il est parti sans réfléchir remplir son devoir aux quatre coins les plus dangereux de la planète.

La relève a fini par arriver le lendemain. Dans les bennes des camions déglingués de fabrication russe, au milieu des sacs, des matelas, et de tout un bric-à-brac, on voyait des hommes armés en uniforme. À l'arrière de l'un des Ural, une tente, d'où dépassait une cheminée fumante avait été montée. Quand ces chiffonniers ont commencé à décharger leur bordel, nous avons compris que les alliés, qui possédaient deux lance-grenades, avaient préféré emporter des matelas, des bouteilles de gaz et de la vaisselle plutôt que des munitions. Le conseiller russe qui accompagnait ces *sadyk* s'est lancé dans une longue litanie d'injures. Tous les Syriens, du rang jusqu'au Président, y sont passés : « Des débiles, des macaques ! » Le type en avait gros sur la patate. Les mercenaires ricanaient en montant dans les véhicules qui étaient venus les chercher, mais les soucis de ce conseiller ne faisaient que renforcer leur mépris pour l'armée régulière syrienne : ils savaient bien à quel point il était difficile de travailler avec de tels subordonnés.

La prise de l'aéroport qui permettait de couper la retraite de l'ennemi vers l'Irak par Deir ez-Zor a été un moment clé dans la reconquête de Palmyre. Les mercenaires ne sont jamais restés les bras croisés. Mais dans les rapports militaires officiels et à la une des journaux ou des bulletins télévisés, personne n'en dirait rien. Même si la participation des mercenaires russes à la guerre en Syrie était depuis longtemps un secret de Polichinelle, tout le monde se comportait comme s'il s'agissait d'une information « secret défense ». Et, bien entendu, cette fois encore, tous les honneurs, toutes les récompenses iraient à d'autres.

31

ET MES PRIMES ?

Les dépouilles des deux mercenaires gisaient à l'arrière de l'Ural. En m'agenouillant, j'ai soigneusement soulevé la bâche qui recouvrait la tête et les épaules des cadavres. Les visages sans couleur étaient figés dans un rictus de douleur et de perplexité. Que leur sort soit ainsi scellé dépassait l'entendement – les gars étaient morts et rien ne pouvait les ramener. Ce qui était particulièrement amer, c'est qu'ils avaient été tués par leurs camarades.

Tout avait commencé quand le commandant d'un petit détachement de deux éclaireurs, en route vers un poste d'observation, s'en était remis à l'autorité d'un sniper chevronné, qui se trouvait avec son partenaire au « secret[1] ». Quand le sniper avait rendu compte que le détachement avait rejoint le poste, le commandant n'avait pas pris la peine de vérifier. La suite découlait

---
1. Un poste d'observation ou de garde camouflé devant la ligne de front

directement de cette erreur fatale. Le commandant du détachement avait déployé deux hommes avec une mitrailleuse pour surveiller l'endroit d'où n'étaient visibles que les éclaireurs, juste devant eux. Mais l'un d'eux, en découvrant dans la brume du crépuscule matinal deux silhouettes à moins d'une cinquantaine de mètres, avait appuyé sur la gâchette, guidé par son instinct de survie. Le reste de l'escouade, réagissant au bruit des tirs, s'était joint à la canonnade. Les cris de triomphe sur les ondes avaient vite tourné court quand, brusquement, ils avaient compris, une fois bien réveillés, leur bévue. Ils venaient de canarder deux mercenaires patrouilleurs partis à leur rencontre. On réalisait, seulement maintenant, que l'emplacement des snipers avait été mal choisi.

J'ai sauté du camion et me suis écarté, tournant le dos aux gens autour. Je regardais droit devant moi, essayant de maîtriser l'accès de désespoir qui me submergeait. J'avais la gorge nouée et les larmes aux yeux. Je serrais les poings, réprimant mes frissons. Quelle atroce absurdité, prendre peur et tirer sur ses camarades à bout portant !... Pourquoi l'artilleur, blotti derrière les pierres, avait-il ouvert le feu ? Même si cela avait été des ennemis, il aurait dû rester immobile pour ne pas être découvert avant l'heure. De plus, ils n'étaient que deux, alors que, derrière le mitrailleur, il y avait tout un groupe prêt à dégainer ! C'était irréfléchi, stupide et non professionnel ! Et maintenant, c'était trop tard... Trop tard pour Cherkhan, un commandant des éclaireurs, toujours calme et détendu, poli et respectueux envers ses aînés, et aussi très expérimenté, car passé par l'école des forces spéciales. Trop tard pour Colt – en permanence sur le qui-vive, parfois un chouïa hyperactif, qui avait participé sous le commandement de Ratnik à la plupart des missions sans jamais donner la moindre raison de douter de sa fiabilité. Voilà qu'ils n'étaient plus. Il ne restait d'eux que les corps aux visages soudain méconnaissables, comme étrangers, desséchés, exsangues. Leur famille avait perdu un époux, un père, un chargé de famille.

Plus tard, au camp d'entraînement, j'ai croisé le fameux sniper qui s'était pris pour le patron lors de cette nuit funeste. Convaincu qu'il était dévasté par son erreur et la mort de ses camarades, rempli de compassion pour lui, je m'apprêtais à le consoler. Quelle n'a pas été ma surprise quand il m'a demandé, sans ambages, s'il toucherait ses primes, malgré l'incident ! Il n'avait pas l'ombre d'un remords. Choqué, j'ai haussé les épaules et tourné les talons. Cet homme avait commis un crime. Si cela s'était produit dans l'armée, et non dans la Compagnie, il aurait été jugé par une cour martiale. Mais ça lui passait visiblement au-dessus de la tête. Nous avions perdu deux gars intelligents et fiables, et le coupable ne pensait qu'à son argent, voilà l'histoire. Si le fric ne fait pas le bonheur, il en pourrit certains jusqu'à la moelle.

32

DANS LE COL

Gorets faisait partie de ces gens pour qui la religion ou la nationalité n'avait pas d'importance, pas plus que la région d'origine. Ce Tchétchène, toujours souriant avec ses dents en or, jamais découragé, inspirait instantanément confiance par sa simplicité et s'entendait facilement avec tous les membres de la grande confrérie multinationale qu'était la légion. Je l'avais rencontré lors de ma première mission en Syrie. Gorets, qui n'avait jamais lâché les armes depuis qu'il avait été en âge d'en porter, était toujours prêt à partir au combat, sans faire de manières. Jadis, ce combattant chevronné avait appartenu à une unité aujourd'hui dissoute pour être tombée en disgrâce auprès du président tchétchène Ramzan Kadyrov. Il avait alors rejoint les SMP. De simple soldat, il était devenu chef de groupe dans l'unité de Ratnik.

Descendu du Kamaz, Gorets s'est glissé dans la tente et, comme d'habitude, a immédiatement raconté une histoire drôle. Le contenu n'avait pas d'importance – la narration en soi était hilarante. Ses propos, déformés par son fort accent, provoquaient immanquablement des fous rires. Après cette introduction, il s'est assis près du feu, chaleureusement salué par l'assemblée. La bouilloire, noircie par la suie, a craché par le bec de l'eau bouillante, qui s'est écrasée en sifflant sur les pierres chaudes du poêle bricolé à la hâte, sous notre tente, dans une niche rocheuse. Dans un tel abri, on pouvait s'installer tranquillement, protégé du vent perçant de la montagne et d'éventuels tirs ennemis. La conversation, comme toujours, était tissée de tout et de rien : besoin de parler, de se distraire de la guerre, du froid glacial, des expériences désagréables des jours précédents et de la tension nerveuse incessante. Nous avions dû avancer prudemment jusqu'au sommet de la crête, nous efforçant de ne pas être pris dans les tirs croisés des djihadistes. Rien que la veille, les démineurs avaient désamorcé une dizaine de mines. Le froid et la pluie avivaient l'envie de se détendre, de s'asseoir, ou, mieux encore, de s'allonger au chaud et de penser à autre chose qu'aux rochers dénudés et à la perspective de mourir sous un obus ou sur une mine. C'est ce que nous avons fait, profitant de la chaleur du feu et du café, attendant l'aube au sommet de cette chaîne de montagnes dont nous avions pris le contrôle.

Dikiy (le Sauvage), un tireur de mortier, venait de terminer un long récit sur son expérience de commandant de batterie d'artillerie, dans une unité au Daghestan, l'une des républiques méridionales russes, dans le Caucase du Nord. Les problèmes de l'armée régulière continuaient de préoccuper les mercenaires. S'ils avaient, pour diverses raisons, abandonné le service militaire, tous restaient essentiellement des soldats. Nous avions un aperçu direct de la situation dans l'armée russe et connaissions parfaitement le dessous des cartes. Nous n'éprouvions que du mépris pour le haut commandement, qui avait transformé les forces armées du pays en un cirque permanent : biathlons de chars, forums, exercices de parade – rien que du spectacle. Dikiy a raconté comment les djiguites[1] des environs avaient transformé le service militaire en une forme de parasitisme : eux qui recevaient des sommes rondelettes pour l'accomplissement de leurs tâches ne pointaient que les jours de paie, mais versaient, de toute évidence, une partie de leurs émoluments à leurs supérieurs. Par conséquent, le niveau des troupes était faible, tandis que les commandants n'avaient aucune autorité, parce qu'ils avaient pris l'habitude de fermer les yeux, que ce soit sous la pression de leurs propres supérieurs cupides, ou parce qu'ils acceptaient les règles du jeu.

— Chacun fait ce qu'il peut, a craché Bandit.
— Et toi, Dikiy, pourquoi tu t'es pas opposé à ce système honteux ?

---

1. Cavalier d'élite d'Asie centrale et du Caucase et, par extension, manière de désigner les hommes de ces régions

— J'allais pas jouer les putains de héros tout seul. Toi, tu te lèverais contre le système ?

— Aller contre le système, c'est comme aller contre ton peuple, a répondu une voix depuis le fond de la tente. Dans tous les cas, tu seras considéré comme coupable. Tout le monde était content de cet arrangement. Les officiers, qui se faisaient graisser la patte, les locaux qui n'en fichaient pas une, le commandement qui recevait ses petits cadeaux et des rapports en règle. Se rebiffer, c'est se faire beaucoup d'ennemis.

— Les fonctionnaires, tous des crapules, rien n'est sacré pour eux, ni la patrie ni le drapeau, ils veulent juste se remplir les poches.

— C'est la même merde dans toute la Russie, pas seulement dans le Caucase. Tout se négocie : avoir son nom sur une liste ou ne pas faire son service. Ils monnayent les candidatures pour les décorations, font commerce de leurs postes. Depuis longtemps l'armée est un grand bazar, où tout s'achète et se vend. Aucun sens de l'honneur, ni du devoir, rien.

J'avais parlé d'un ton calme, en me posant sur un petit tabouret pliant, que m'avait gentiment cédé Dikiy.

— On leur donne des appartements, leurs salaires sont augmentés, leur prestige est rehaussé, a dit Tatarin (le Tatare), en levant la paume de sa main vers le haut.

— Quand est-ce qu'ils vont commencer à servir honnêtement ? Il faut quoi, que deux cents d'entre eux se fassent coincer ?

— Ils sont aussi malades que le reste de la société. En 2015, avant la mission, j'avais prévu une séance au stand de tir, je voulais m'entraîner un peu au pistolet. J'arrive et là il y avait les forces spéciales de la brigade. Pendant que les soldats s'entraînaient à faire des mouvements stupides, les officiers avaient apporté du saucisson, et mâchaient leurs sandwichs. Je leur ai demandé : « Vous en avez pour longtemps ? » ; et ils ont répondu : « Malheureusement, oui. Nous avons une inspection de Moscou, on nous a envoyés faire des exercices. Ils seront bientôt là, pour filmer. » Tout est dit. Même pour un officier des forces spéciales, l'entraînement est devenu un fardeau. « Malheureusement », a-t-il répété, pendant que ses soldats couraient comme des abrutis. C'est quoi l'intérêt de tout ça ? Une perte de temps et d'efforts. La voilà l'armée dont s'est débarrassée Serdioukov[1] pour prendre le chemin de la renaissance. Jamais ils ne sont rassasiés, ils se plaindront toujours. Il n'y en a pas un pour penser au professionnalisme et à ce que signifie savoir se battre.

J'ai craché par terre et pris une gorgée de café...

L'ennemi, tout proche, est venu rappeler sa présence, coupant court à la conversation.

---

1. Anatoli Serdioukov, ministre russe de la Défense de 2007 à 2012, qui avait pour mission de réformer l'armée, a été limogé après un grand scandale de corruption. Serdioukov est aussi connu pour avoir privatisé un certain nombre de services du ministère de la Défense.

Un obus, tiré d'un canon caché quelque part au nord, dans un recoin des contreforts, est passé par-dessus nos positions pour finir dans la corniche rocheuse. Fini les bavardages, nous étions tous sur le pied de guerre.

Empoignant les chargeurs des radios, Gorets a sauté sans tergiverser sur le marchepied du Kamaz et ordonné au chauffeur de descendre le véhicule en dessous des positions des mortiers. Les équipages se sont précipités vers leurs canons, les observateurs ont fixé leurs oculaires de visée sur la plaine vallonnée devant eux, afin de repérer le canon des *doukhi*. Bientôt, un deuxième projectile a volé par-dessus nous pour exploser derrière nous. Il n'en a pas fallu plus pour que nos canons ripostent, visant le flash de la déflagration au loin. Le duel n'a pas duré longtemps, et les tirs ennemis ont rapidement cessé, n'ayant causé aucun dommage de notre côté.

Le soleil se levait, réchauffant les rochers, et le vent, changeant de direction, était retombé. Depuis la hauteur de la crête, la plaine ressemblait à un mystérieux organisme vivant qu'on aurait écorché. Cette impression était particulièrement forte quand le soleil n'avait pas encore surgi des sommets des montagnes et que les rochers ne se dessinaient pas encore précisément. Les couleurs changeantes de la surface avaient l'air de tissus musculaires, les rivières asséchées qui la parcouraient à un réseau d'artères et de veines. Le désert respirait. Quand on approchait, les montagnes qui, de loin, semblaient lisses révélaient soudain des grottes nombreuses, des anfractuosités et des promontoires jusqu'alors cachés. Ici, tout était envoûtant.

Depuis notre sommet, on distinguait au loin une crête de la même hauteur, la dernière que nous devions prendre avant d'atteindre le vaste désert d'Al-Chaer et ses champs de pétrole, que nous allions arracher à l'EI. L'ennemi attendait notre offensive et s'y préparait. Les djihadistes n'avaient pas l'intention de céder sans résister ce qu'ils considéraient déjà comme leur territoire. Les combats seraient durs et sanglants.

L'avancée a été laborieuse. Nous ne parcourions pas plus d'un kilomètre par jour, crête après crête, à attendre une attaque derrière chaque falaise. Il fallait sans cesse déminer le chemin. Nous avons progressé simultanément dans plusieurs directions et, après avoir occupé les hauteurs dominantes, nous sommes arrivés sur l'autre versant de la montagne. L'ennemi s'était retiré sans combattre. Lors de la manœuvre finale, alors qu'ils s'apprêtaient à couper la route qui traversait le col, les hommes de Ratnik ont quand même dû affronter un groupe de djihadistes plus tenaces que les autres, qui refusaient de quitter leur bastion. Après une courte bataille, leurs adversaires ont abandonné leurs armes lourdes, n'emportant que leurs blessés et leurs morts. Les circonstances de l'escarmouche ont d'abord surpris tout le monde : pourquoi avions-nous laissé s'enfuir l'ennemi qui se trouvait à portée de feu ? L'explication surgira plus tard – elle tenait à l'indécision du commandant de peloton, Ziat (le Gendre), qui, dans la bataille à venir, ferait étalage de ses piètres qualités.

Ce que nous avons découvert de l'autre côté de la crête démontrait une fois de plus l'incapacité de l'armée syrienne à se battre. Tout le long des hauts plateaux, des fortifications avaient été déployées en direction de l'ennemi, avec des emplacements équipés pour accueillir les armes lourdes. Ces abris contenaient désormais les restes de camionnettes américaines calcinées, sur lesquelles avaient été montées des mitrailleuses de gros calibre. De telles positions pouvaient tenir un siège de plusieurs années, mais à en juger par le petit nombre de douilles utilisées, la bataille ici avait été courte. Comme l'attestaient les squelettes rongés par des chacals, les soldats avaient fui à la hâte, sans emporter les dépouilles de leurs camarades. Pas étonnant qu'Israël ait réussi à vaincre les armées de trois États arabes en six jours[1]...

Nous nous sommes donc installés sur ces positions que l'armée syrienne avait abandonnées. En bas, tout près, là où commence la vallée d'Al-Chaer, dans des crevasses et des abris de béton, étaient tapis les *doukhi*, enragés par l'apparition des mercenaires russes. S'étant

---

1. La guerre des Six Jours a opposé, du 5 au 10 juin 1967 Israël à l'Égypte, la Jordanie et la Syrie.

assuré que tout était sous contrôle, Ratnik a décidé de retourner au camp. Nous l'avons suivi, avec Madrid. Le chemin serpentait dans une gorge étroite, entre de grands monolithes de roche lisse, par endroits pas plus larges que nos épaules. Parfois, le sentier butait sur une faille par où s'écoulait de l'eau descendue des pics voisins – d'ici, on apercevait des auvents de pierre, abritant des grottes qui pouvaient accueillir une tribu entière de nomades. Par endroits, où la gorge s'élargissait, la paroi de la roche, percée de niches créées par la nature et affinées par l'homme, prenait des allures de ruche. Dans de tels recoins, les *doukhi* ne craignaient rien. L'air était lourd de danger. Par réflexe, j'ai retiré le cran de sûreté de mon fusil automatique.

Après avoir longtemps erré dans cette crevasse, nous sommes tombés sur des réservoirs, remplis d'eau ou de ce carburant de mauvaise qualité fabriqué dans des raffineries de fortune. Nous n'avons pas cherché à savoir, il ne faut pas être trop curieux à la guerre. C'était le travail des démineurs. Lors d'une courte halte, nous sommes arrivés à cette conclusion commune : la beauté, quand elle est rude, est encore plus majestueuse. Plus loin, nous avons atteint une plaine, elle aussi riche en surprises. En contournant les basses collines, on risquait à tout moment de tomber dans un précipice qui dévalait à pic jusqu'au lit d'une rivière asséchée depuis la nuit des temps. Nous sommes parvenus au camp, après la tombée de la nuit, incapables d'oublier les impressions que nous avait laissées cette promenade paisible, presque touristique, si particulière dans cette routine de guerre.

33

AL-CHAER

À l'aube, une djihad-mobile recouverte de tôles d'acier a surgi, se dirigeant vers la position des éclaireurs, arrivés la veille pour couper l'autoroute. Chimkent a tiré une grenade propulsée par fusée, mais a manqué sa cible. Cherchant à trouver le blindage en acier qui entoure la cabine et le moteur, Touva a commencé à mitrailler le pick-up bourré d'explosifs qui, déjà tout près, ralentissait. En vain. Conscients du danger que représentait le véhicule miné, pratiquement à l'arrêt maintenant, les éclaireurs ont essayé de s'en éloigner aussi vite que possible. Mais il n'y avait pas d'abri approprié sur toute la surface rocheuse et presque plate du désert où le kamikaze avait fait sa percée.

L'explosion puissante, détruisant tout dans un rayon de deux cents mètres, a soulevé un énorme nuage de poussière. Avant qu'elle n'ait eu le temps de retomber, les premiers coups de feu des mitrailleuses de gros calibre et des canons antiaériens ont déchiré l'air. Toute la plaine, jusqu'alors silencieuse, s'est mise à bourdonner et gronder. Dans le ciel, à basse altitude, scintillaient les éclairs des obus à fragmentation de ZU-23[1]. Les *doukhi* avaient sorti l'ensemble de leur artillerie, pour empêcher les mercenaires de venir à la rescousse de leurs camarades.

C'était le branle-bas de combat, il fallait réorganiser les rangs. L'équipe d'évacuation s'est précipitée vers le lieu de l'explosion. À mesure que la situation se précisait, il est devenu évident que tout le monde avait besoin d'aide d'une manière ou d'une autre. Les blessés légers épaulaient les plus meurtris. Les médecins traînaient ceux qui ne pouvaient plus bouger. Après avoir sorti tous ceux qui s'étaient trouvés à proximité de l'épicentre de l'explosion, on a compté trois morts.

Pendant ce temps, la bataille entrait dans sa phase la plus intense. Les mitrailleuses mobiles des *doukhi* clignotaient sur les crêtes, qu'ils connaissaient comme leur poche. À l'immense surprise des mercenaires, deux chars ont émergé des fentes rocheuses. Se déplaçant parallèlement et manœuvrant entre les hauteurs, ils ont commencé à lancer méthodiquement leurs obus vers nos lignes, changeant rapidement de position, esquivant les frappes de représailles de nos missiles guidés. Derrière les chars couraient de

---

[1]. Canon antiaérien soviétique de 23 mm. Entré en service dans l'armée soviétique en 1960, le ZU-23-2 a été largement exporté à travers le monde.

petits groupes de fantassins armés de mitrailleuses. Les mortiers et les artilleurs avaient à peine eu le temps de tirer sur une cible qu'ils recevaient l'ordre d'en choisir une autre, mais toujours trop tard. Impossible de neutraliser les rapides pick-up japonais. Profitant de leur mobilité, les *doukhi* se rapprochaient, écrasant les mercenaires sous leur feu. Il fallait reculer.

Tandis que l'artillerie se réorganisait, les combattants de l'EI se sont rapprochés encore, menaçant de prendre par le flanc le peloton de Nike. Au dernier moment, les mercenaires ont quand même réussi à ralentir leur percée. Mais les chars tiraient toujours, sans oser s'aventurer trop près. Et le peloton de Nike a finalement dû battre en retraite : les positions qu'il occupait étaient devenues trop inconfortables. Et puis il n'y avait plus d'éclaireurs pour le soutenir – presque tous avaient été transportés à l'hôpital. Dès que Nike s'est retiré, les *doukhi* se sont précipités pour prendre sa place, mais ils ont immédiatement essuyé le feu de Brity, qui avait eu le temps de changer de position. Sur le flanc droit, a retenti un appel à l'aide désespéré de Ziat. Sous le couvert du feu nourri de trois canons antiaériens, les djihadistes s'étaient rapprochés. Le peloton de Ziat, qui n'était arrivé que quelques heures plus tôt, n'était pas prêt pour une bataille défensive. Rapidement, sans s'en rendre compte, les mercenaires s'étaient retrouvés dans la position de bêtes traquées. L'infanterie des *doukhi* avait acculé le mercenaires aux rochers. Déchirant les ondes, la voix de Ziat a demandé encore et encore la permission de se retirer, insistant sur la vulnérabilité de ses positions. Ratnik, se fiant à ses rapports, a validé. Tout comme Beethoven : pour le plan d'action global, cette position n'était pas cruciale et pouvait donc être sacrifiée. S'apercevant que les mercenaires avaient battu en retraite, les djihadistes ont tenté de leur couper la route. Heureusement, la manœuvre a été repérée à temps, et les *doukhi*, voyant approcher un groupe de mercenaires, ont préféré éviter un combat au contact et faire marche arrière.

Mais une fois deux blessés évacués, et au grand étonnement de Ratnik, le peloton de Ziat n'a pas reculé, comme il était censé le faire, de ligne en ligne, les hommes se couvrant les uns les autres. Abandonnant son lance-grenade, il s'est précipité en ordre dispersé, Ziat en tête, vers les positions occupées la veille, ce qui a rendu Ratnik furieux. En fait, la menace n'était pas réelle, les obus qui avaient tant effrayé Ziat explosaient en plein vol. Résultat : le commandant du peloton avait paniqué et quitté la ligne de défense en premier, sans même organiser le retrait de ses hommes.

Mais la véritable rage de Ratnik a éclaté quand il a appris, grâce au drone, que les mercenaires avaient abandonné leur Kamaz. Dans la panique, Ziat avait oublié qu'il avait donné l'ordre au chauffeur de rapprocher le camion des nouvelles positions, et ce dernier, qui avait conduit le camion à couvert, n'était même pas au courant du retrait du peloton. L'opérateur du drone, Chipka, a signalé que les *doukhi* grouillaient déjà autour du véhicule. Il n'y avait pas trente-six solutions : nous ne pouvions pas laisser l'ennemi s'emparer d'un véhicule chargé de munitions et d'équipement. Il y avait peu de chances que le chauffeur ait encore été en vie à ce moment-là. Chipka a donné l'ordre de frapper, et le Kamaz est parti en fumée, sous le regard impuissant des *doukhi*.

Ratnik bouillait de rage, et on pouvait le comprendre. Il avait constitué toute une phalange de commandants fiables et autonomes, prêts à accomplir n'importe quelle tâche : Nike, Inostranets, Bespaly, Sobol, Calife et Noir. Seul Ziat, qui lui avait été recommandé de l'extérieur, n'était pas son élève direct. Et c'est lui qui l'avait planté, lui, l'homme qui avait pris Palmyre, celui dont l'autorité n'avait jamais été remise en question. Ziat avait lâchement abandonné sa position, ses munitions et une unité d'armement lourd. Il n'avait pas sa place dans le peloton de Ratnik – tout le monde l'a bien compris. Au moins, à notre grande joie, le lendemain matin, le chauffeur du Kamaz, épuisé et affamé, mais bien vivant, a réussi à nous rejoindre

Resté au camp, j'avais suivi le déroulement de cette journée sur les ondes. J'étais dépité. Quittant le QG, je me suis dirigé vers l'hôpital, où était déjà arrivé le premier lot d'éclaireurs blessés dans l'explosion de la djihad-mobile. L'ambiance était exécrable : il était très rare que les mercenaires battent en retraite. Mais beaucoup de choses avaient mal tourné ce jour-là. Et pas du seul fait de Ziat.

Notre principal problème était l'état de l'armement à notre disposition. Nos chars, de vieilles machines usées avant l'heure par l'exploitation négligente et incompétente de l'armée syrienne, n'étaient pas en mesure de se battre à égalité avec ceux des djihadistes. Notre artillerie, qui devait économiser ses maigres munitions, ne pouvait se permettre aucun bombardement intensif, se contentant de viser des cibles isolées. Nos fusées, depuis longtemps périmées, n'atteignaient pas l'ennemi à cause de leur câblage défectueux. Aux légers pick-up japonais des *doukhi*, équipés de mitrailleuses et de canons antiaériens de gros calibre, nous n'avions à opposer que des Ural fatigués.

Les combattants de l'EI avaient changé de tactique. Ils ne se terraient plus. Ils avaient parfaitement compris que si l'armée syrienne pouvait se montrer héroïque à partir du moment où l'aviation russe avait réduit les fortifications ennemies en tas de gravats, les mercenaires, eux, se révélaient capables de prendre d'assaut n'importe quelle forteresse. Désormais, ils avançaient sur le terrain dont chaque parcelle leur était familière. Nous n'étions pas préparés à une telle évolution ; cependant, si nous avions disposé des armes adéquates, le problème aurait été compliqué, mais gérable.

Nous avions perdu trois hommes, dont Gasconets. Cette fois, il n'avait pas remporté son duel contre la mort. Mémoire éternelle à eux. Bientôt, les mercenaires finiraient quand même par atteindre leur objectif et prendre le contrôle de la zone, coupant ainsi aux djihadistes l'accès au pétrole, et donc à la principale source de financement de leur combat.

34

LA BASE DE HMEIMIM

La bibliothèque était encore fermée. De toute évidence, le module, qui abritait le modeste stock de livres disponibles sur la base, n'avait pas été ouvert depuis longtemps. J'ai secoué la poignée, plutôt par frustration que pour tenter d'ouvrir la porte, et suis resté planté là, à regarder autour de moi. Dans le bruissement de son ample soutane, l'aumônier de la base militaire est sorti d'un autre module, un grand bloc sans murs intérieurs. Le prêtre orthodoxe, qui avait l'air plutôt jeune et souriait amicalement à ceux qu'il croisait, s'est dirigé vers le point de négociation. Je suis parti dans la même direction. N'ayant pas particulièrement envie de me promener, j'ai décidé de retourner dans mon module, ma maison temporaire.

Pour la deuxième semaine consécutive, je vivais à Hmeimim, la principale base aérienne de l'armée russe en Syrie où j'avais saisi l'occasion de faire réparer mes prothèses dentaires. Je n'ai jamais eu des dents particulièrement solides mais, sur le terrain, j'avais esquinté ce qu'il me restait d'incisives. La situation était devenue critique après une mauvaise chute au combat. C'est Nemets (l'Allemand) qui m'avait soufflé la combine, en exhibant un jour triomphalement son nouveau sourire éclatant. En signant le document qui demandait que me soit allouée la somme, relativement modeste selon les normes russes, nécessaire à l'achat des prothèses, Blondine m'avait également donné l'autorisation de m'installer dans l'un des modules de la base russe réservés aux SMP.

Honnêtement, j'avais désespérément besoin de m'éloigner des combats pour quelque temps. Je fatiguais très vite, je n'avais assez d'énergie que pour quelques heures d'activité seulement, ensuite la fatigue me gagnait, ralentissant mes mouvements et ma pensée. Mon système digestif s'était révolté – je vomissais trois ou quatre fois par jour. Le médecin de la brigade a été clair : « Après une blessure comme la tienne, la période de rééducation doit durer un an et demi, deux ans. Toi, tu n'as même pas attendu un an avant de revenir sur le terrain. Ton corps a lâché, il ne se rétablira pas tout seul. » C'est alors qu'est née mon idée de prendre de courtes vacances, mais sans rentrer en Russie. Je comptais sur un peu de confort et de nourriture correcte pour me requinquer. Le front était calme, ce qui tombait bien : notre unité était au repos, il ne devait pas y avoir de combats dans les trois prochaines semaines.

Rien de ce que j'ai trouvé à Hmeimim ne correspondait à ce que j'avais vu de la guerre pendant mes missions en Syrie. Pour les mercenaires, une niche taillée à la pelle, abritée du vent, de la poussière et de la pluie par une toile de plastique ou une bâche, c'est déjà un abri confortable. Et si en plus il y a un poêle, même modeste, qui garde au chaud et permet de faire bouillir l'eau, alors la vie est vraiment belle. Ici, sur la base, il y avait des modules climatisés, des salles de sport équipées de toutes sortes de machines, des douches, un café et des boutiques – tout cela pour des soldats qui, contrairement aux mercenaires, ne se battaient pas. Les militaires, propres sur eux et tirés à quatre épingles, ne ressemblaient en rien aux barbus en anoraks graisseux et tenues de camouflage aux couleurs flétries par la saleté et la poussière du désert. Même bien lavé et bien rasé, quel que soit le décor, un mercenaire restait facilement reconnaissable à sa manière de marcher et de porter son arme.

La base était régie par la charte du service de garnison et de garde. Les sentinelles, comme sur une carte postale, portaient leurs fusils automatiques en bandoulière, le canon vers le haut, et ce dans un point chaud où une attaque peut advenir à tout moment – le temps de retirer leur arme de l'épaule, ils seront morts trois fois. Pour aller à la cantine, même s'il ne faut parcourir que quinze mètres, les militaires se rangent en carré. La discipline, chez les généraux russes, comme aux époques précédentes, est avant tout associée au bon ordonnancement des troupes. Autre surprise : quand retentissait l'alarme, les officiers du commandement devaient d'abord se rassembler dans la cour du QG, avant d'aller prendre leur place selon le plan de défense. J'imaginais bien la scène : les bombes et les obus pleuvent, et pendant ce temps, les officiers d'état-major, pour montrer leur mépris de l'ennemi, s'alignent sur la petite place d'armes et meurent héroïquement d'un tir direct de mortier.

Les mercenaires, eux, ne marchaient pas en formation, mais s'entraînaient constamment aux actions en groupe, pour apprendre à se sentir les uns les autres au combat. Ils avaient toujours leur arme sur eux, à portée de main même, pendant la garde, prêts à ouvrir le feu en cas de danger. Sur la base, les armes étaient gardées sous clé et n'étaient remises aux soldats que lors d'occasions spéciales, ce qui est assez hallucinant. Ils auraient au moins pu entreposer les armes dans les bâtiments où vivaient les soldats – la clôture de la base jouxtait cette zone, et la plupart des hommes n'auraient même pas le temps de courir s'armer si l'ennemi faisait une incursion surprise. C'est à croire que les généraux ne faisaient pas confiance aux combattants, même dans un pays en guerre. Quand la chaleur retombait, les militaires, en tenue de sport, sortaient faire un jogging, puis s'entraînaient sur les machines ou jouaient au volley. Tout cela faisait davantage penser à du fitness de plage qu'à une préparation physique pour des opérations militaires. Les mercenaires, en revanche, quand ils ne participaient pas au combat mais se retrouvaient de garde sur un site, continuaient à s'entraîner, à courir en portant des charges et à soulever de la fonte, pour empêcher que leurs muscles ne se relâchent.

L'équipement des escortes de convoi était standard, c'est-à-dire peu pratique et incommode. Seuls les naïfs pouvaient croire que notre armée avait résolu le problème de la qualité de son matériel. Les soldats eux-mêmes semblaient par ailleurs mal informés de l'utilité spécifique de chaque arme, ils ne participaient pas à de véritables combats, et ce qu'ils avaient à disposition leur suffisait pour accompagner les convois en blindés. Un jour, j'avais vu des paras escorter un convoi de munitions vers la zone de combat. Tous arboraient des lunettes d'aviateur, comme en Afghanistan, une époque où on ne connaissait pas encore les lunettes tactiques légères, confortables et qui protègent bien les yeux. Les troupes aéroportées d'aujourd'hui sont bien au courant de leur existence, et Dieu sait pourquoi ils prennent des risques à la guerre avec ces gadgets.

J'ai néanmoins été vraiment frappé par l'abondance d'équipements modernes présents sur la base. VBTT, Typhoon, Tigr, Ural et Kamaz allaient et venaient par dizaines. Les mercenaires n'avaient rien de tout ce faste. Si l'an passé l'armée nous avait généreusement alloué des véhicules blindés de transport de troupes, équipés de canons automatiques, cette année, nous avions dû nous contenter de vieux chars et de BRDM[1] que les Syriens nous avaient refilés. Pourtant, allant au-delà de leurs obligations envers le gouvernement syrien de récupérer les champs pétrolifères saisis par l'EI, les mercenaires joueraient un rôle important dans la réalisation de l'objectif stratégique global : ils deviendraient la principale force de frappe des forces alliées à Palmyre, et plus tard à Akerbat et Deir ez-Zor. Malgré tout, le ministère de la Défense continuerait à leur fournir ses vieilles merdes et l'armée russe, qui ne participe pas aux combats en première ligne, à se déplacer avec du matériel sophistiqué. Quant à l'armée syrienne, constamment étrillée par les *doukhi*, qui ne sait que battre en retraite et abandonner ses armes et son équipement, elle dispose aussi de chars T-90. Nous, nous avions surtout des chars T-72, pour la plupart des trophées pris à l'EI – une démonstration parfaite du professionnalisme des mercenaires et de la médiocrité des alliés : nous avions récupéré le butin de guerre que l'ennemi avait auparavant confisqué aux Syriens.

La base militaire n'avait plus rien d'un avant-poste de la puissance militaire russe. Elle s'était progressivement transformée en une sorte de parc d'attractions. On inaugurait sans cesse, et

---

1. Véhicule de reconnaissance utilisé des années 1960 à nos jours par l'Union soviétique puis par la Russie

visiblement sans lésiner sur les coûts, des allées et des monuments commémoratifs. On avait monté une exposition consacrée aux armes prises sur le champ de bataille, des mortiers et des canons, principalement de fabrication artisanale, qui avait pour seul intérêt d'illustrer l'ingéniosité et l'habileté des combattants de l'opposition. Mais je n'ai jamais trouvé de stand exposant les systèmes et méthodes de minage utilisés par les *doukhi*. Dans la bibliothèque, à laquelle j'ai fini par accéder, je n'ai découvert aucune source écrite ou filmée sur la façon dont l'EI combat en Syrie, ses tactiques ou son usage d'engins explosifs. Peindre des affiches, tondre les pelouses, ériger des monuments, accueillir des artistes et sortir de temps à autre pour escorter des convois, voilà les activités auxquelles s'adonnait la partie du personnel de la base aérienne qui ne faisait pas partie de l'armée de l'air ou de la défense aérienne.

L'armée de l'air, elle, ne chômait pas. Les vols ne s'interrompaient jamais. 24 heures sur 24, les avions d'attaque, qui décollaient dans un vrombissement assourdissant, disparaissaient dans le ciel, fonçant vers leurs cibles. À l'atterrissage, le son était moins fracassant, comme si la machine rentrait fatiguée par la tâche accomplie. Avec mes camarades, nous avons vu les résultats de ces excursions. Des bâtiments détruits, des carcasses de voitures calcinées, des chars éventrés – nous en tirions, sur le terrain, un profit indéniable. Mais en d'autres occasions, nous sommes tombés sur d'énormes cratères au milieu de champs déserts et sur de larges zones couvertes de débris de bombes à fragmentation qui, n'ayant pas explosé, représentaient désormais un danger pour nos troupes. Les aléas de la guerre.

Tout allait de travers : j'avais insisté pour partir en mission, et mon corps ne l'avait pas supporté. Mon irritation ne faisait que s'accentuer, ébranlant mon moral. Il y avait beaucoup de choses que ma nature de mercenaire ne pouvait pas tolérer à Hmeimim. Mais j'avais aussi été assez malheureux parmi les miens, les derniers temps.

J'avais commencé à prendre conscience de choses que je ne remarquais pas auparavant, réalisant ainsi que certains aspects du métier de mercenaire me dérangeaient. Je butais sur des questions auxquelles je ne trouvais pas de réponse. Pourquoi était-on si pressés de libérer les champs de pétrole ? Des unités assemblées à la hâte, mal coordonnées et dotées d'armes minables partaient au combat. N'aurait-on pas pu attendre que le gros des troupes arrive, avec l'armement adéquat ? Les *doukhi* auraient été balayés ; de toute façon, personne d'autre que nous ne pouvait les virer de ces champs et mettre la main sur les gisements. Ni le Corps des gardiens de la révolution iranienne, inexplicablement considéré comme un corps d'élite, ni le Hezbollah, et encore moins l'armée de la RAS. Pourquoi devions-nous combattre sans les munitions nécessaires ? Celles que nous avions à disposition étaient vieilles et déclassées, si bien que les tirs se terminaient souvent par la chute prématurée du missile, loin de sa cible. L'insuffisance de notre puissance de feu entraînait des pertes : des camarades, des concitoyens mouraient. Rien ne pouvait justifier une telle approche – c'était du pur mépris. Et tous ceux qui en sont directement ou indirectement responsables doivent être identifiés, mis en cause et payer le prix de leur faute.

J'étais dégoûté aussi par ce qui se passait au sein de la légion. Les commandants avaient tendance à devenir des chefs, qui n'éprouvaient plus le besoin de mener leurs hommes au combat. Il y en avait très peu comme Ratnik qui accompagnait ses unités sur le terrain, restant en contact permanent avec elles. Maintenant, après avoir donné les ordres à leurs subordonnés, les chefs de brigade, pour la plupart, ne contrôlaient pas leurs actions. C'était devenu la norme. Beethoven lui-même fermait les yeux sur ces irrégularités. Les postes de commandement s'attribuaient de plus en plus sur la base d'amitiés personnelles, sans tenir compte des qualités professionnelles. La direction des brigades, pelotons et détachements, était progressivement retirée aux officiers capés, pour être confiée à des voyous incultes et des têtes brûlées. Le concept de débriefing avait complètement disparu, et personne ne cherchait à mener une analyse, même superficielle, des échecs et mauvais calculs au combat.

Ça en devenait cocasse. Un jour, en recevant une veste chaude du dépôt de vêtements, j'avais demandé des genouillères. En ouvrant le paquet, j'avais découvert qu'il contenait une simple paire de coussinets en mousse avec des sangles, manifestement destinés au jardinage. Et les étagères de l'entrepôt étaient remplies jusqu'au plafond de ce bordel ! Mais ça, c'était des broutilles. Le pire, c'était le matériel technique. Quelqu'un avait eu l'idée de rééquiper les anciens BRDM et de les utiliser lors d'une bataille pour soutenir l'infanterie. Ces véhicules de reconnaissance, trop hauts et trop lents, ne convenaient qu'aux avant-postes, leur système de guidage était constamment déréglé et ils n'étaient d'aucune utilité au combat. Pourquoi aucun de nos chefs ne s'était prononcé contre cette idée ridicule ? Au lieu d'essayer d'obtenir des véhicules sophistiqués auprès de l'armée, ils dépensaient beaucoup d'énergie et d'argent dans la production de buggy artisanaux et autres véhicules autopropulsés, dont les soudures cédaient à la moindre secousse. Tout ce bricolage était en pièces avant d'avoir atteint le front.

Je broyais du noir. J'étais dans un état d'épuisement mental et d'infirmité physique complet, et les deux semaines passées à la base de Hmeimim n'avaient pas beaucoup arrangé la situation. J'ai dû me rendre à l'évidence : rester ne servait plus à rien, le moment était venu de plier bagage. Je n'allais pas devenir un fardeau, un lourdingue qui se plaint tout le temps.

35

LA SYRIE SANS MOI

Je n'ai pas participé aux dures batailles de l'automne 2017. J'ai vécu cette campagne par procuration, à travers les récits de mes camarades. Mais c'était comme si j'y étais, aux côtés de mes frères.

Après avoir libéré les zones pétrolifères autour de Palmyre, les mercenaires ont rapidement été déployés à nouveau pour aider les alliés et le contingent russe dans une série d'opérations contre l'EI, près d'Aqraba et Deir ez-Zor.

À l'été 2017, la petite ville provinciale d'Aqraba, restée jusque-là à l'écart des combats, s'est soudainement transformée en un puissant bastion de l'EI. Sa position stratégique permettait aux djihadistes de garder un œil à la fois vers l'ouest, en direction d'Alep, et vers le sud-est, dans l'espoir de regagner ce qu'ils avaient perdu près de Palmyre. Le commandement des forces alliées avait décidé d'éliminer définitivement les formations de l'EI, devenues trop puissantes. Mais, comme d'habitude, l'armée syrienne s'était révélée incapable de mener à bien cette tâche. Et, une fois de plus, on s'était souvenu des mercenaires.

Progressant lentement en raison du manque d'informations sur l'ennemi, ils ont atteint Aqraba en se frayant un chemin à travers une chaîne de montagnes. Les mercenaires obtenaient leurs renseignements principalement à l'aide de drones, qui permettaient de se faire une idée de la première ligne des fortifications ennemies, mais pas de savoir ce qui se trouvait derrière. Personne n'avait la moindre idée de ce qui attendait les troupes au-delà de la ligne de front – on allait improviser. Comme il fallait s'y attendre, une fois passée la crête et descendue la vallée jusqu'aux faubourgs en ruines d'Aqraba, les troupes d'assaut ont essuyé des tirs croisés depuis les positions bien camouflées des djihadistes. Un commandant, dont le peloton était pris dans une attaque de flanc, a demandé de l'aide. Samouraï et ses hommes sont partis à sa rencontre. Sur la base d'une explication radio plutôt confuse, les attaquants ont avancé prudemment. Les djihadistes, qui s'étaient cachés dans les ruines du village et avaient attendu que les Russes soient assez proches pour commencer à former une ligne de bataille, leur ont balancé six grenades par fusée. L'une a explosé, blessant gravement Samouraï. Se compressant la hanche avec un garrot, il a continué à diriger ses hommes. L'équipage du lance-grenades automatique a arrosé la planque où les djihadistes avaient abrité un char. Les grenades tirées par les mercenaires n'ont pas seulement touché l'ennemi, mais aussi bloqué le groupe moteur, en tombant dans le couvercle ouvert du compartiment électrique. Les djihadistes ont battu en retraite, abandonnant le char, une prise de guerre que les mercenaires, après avoir restauré la conduite d'huile, ont aussitôt retourné contre ses anciens propriétaires.

Le groupe d'Altyn a rejoint le peloton de Samouraï. Ayant envoyé ses hommes se mettre à couvert, Altyn s'est penché au-dessus du commandant blessé : « Mon frère, raconte-moi la situation. » Aussi brièvement qu'il le pouvait, Samouraï a donné les explications nécessaires et souhaité bonne chance à Altyn qu'il a appelé par son nom. Altyn s'est retourné brusquement : « On se connaît ? » Couvert de suie et de sang séché, le visage de son vieux camarade, qu'il n'avait pas vu depuis dix ans, était méconnaissable. Les soldats se retrouvent comme ça. Parfois dans la rue, parfois au combat. Après avoir serré la main de son compagnon d'armes, Samouraï s'est assuré que tous les blessés étaient bien à l'arrière de l'Ural qui partait vers l'hôpital. Ensuite seulement, il s'est hissé dedans, aidé par ses camarades.

Dans le feu de l'action, le peloton dans lequel opérait Hava était parti loin devant le reste des unités. Les *doukhi* n'ont pas perdu de temps : comprenant que ce groupe avancé était une proie facile, ils se sont réorganisés et ont lancé une contre-attaque. Le chef de peloton ayant été grièvement blessé, Hava, qui s'est avéré le plus résolu, a pris le commandement, encourageant à grands cris les combattants. Les djihadistes ont piégé les mercenaires dans la petite cour d'une maison délabrée, les attaquant de trois côtés à la fois, et tirant sur eux à bout portant. Lorsque la menace d'un encerclement total est devenue imminente, les gars, sur les ordres de Hava, ont commencé à évacuer rapidement les blessés par une brèche dans le mur, en traversant une zone restée libre. Leurs munitions et grenades fondaient à vue d'œil, et dans l'obscurité soudaine, les mercenaires répondaient aux rafales des *doukhi* par des coups uniques, sans coordination, par souci d'économie.

Les djihadistes ont continué à tirer depuis des ouvertures dans l'enceinte et par les fenêtres des maisons voisines, essayant de s'approcher, à un jet de grenade. Ils exerçaient également une pression psychologique, stoppant leur pilonnage le temps de crier « Allah Akbar ». À un moment, à l'appel d'Allah s'est ajouté un « Rendez-vous ! », aboyé en russe avec un accent caucasien à couper au couteau. Hava a crié d'une voix déchirée par l'effort : « Les Russes ne se rendent pas ! » et a tiré une autre grenade en direction de son interlocuteur. Puis, s'étant caché, il a ajouté dans un souffle : « Les Bouriates[1] non plus ! »

---

1. Ethnie mongole, que l'on retrouve en grand nombre en Sibérie

Ils commençaient à manquer de munitions. Dans la cour, il y avait une camionnette, détruite pendant la prise de la ferme, avec des caisses de munitions de calibre 7,62 destinées aux Kalach. Mais la plupart des mercenaires avaient des armes d'autres calibres, et les quelques autres qui possédaient des AKM[1] devaient se démener sur tout le périmètre de la cour, puisant dans les munitions capturées pour essayer de contrecarrer l'attaque. Dans le bâtiment ravagé par l'explosion gisaient plusieurs corps de combattants de l'EI. Leurs fusils automatiques ayant été endommagés, les cartouches ne pouvaient être insérées dans leur magasin qu'en posant le canon sur le sol en béton et en poussant la poignée du porte-boulon vers le bas avec le pied. Heureusement, le canon était intact, la culasse bougeait et le mécanisme de mise à feu aussi. N'importe quel autre modèle d'arme, avec un magasin tordu, serait devenu inutilisable. Merci Mikhail Timofeyevich (Kalachnikov) ! Jamais personne n'a pu rivaliser avec ton invention !

Les armes récupérées sur les *doukhi* morts ont offert un bref répit aux mercenaires. Mais l'ennemi continuait de faire pression. Hava cherchait avec angoisse une issue. Bingo ! Attrapant sa radio, il a appelé le chef de peloton qui essayait désespérément de le rejoindre pour lui porter secours : « Frère, tu vois la maison la plus haute ? Je vais faire sortir tout le monde et,

---

1. Fusil d'assaut Kalachnikov modernisé

à mon signal, tu balances un obus à fragmentation pile dessus. » L'idée était simple : le missile ferait exploser la maison enduite d'argile et dans le nuage de poussière qui en résulterait, au crépuscule, il serait probablement possible de s'échapper du piège. Rassemblant rapidement les gars près de la brèche, laissant quelques hommes sur leurs anciennes positions pour les couvrir, Hava a crié dans la radio : « Vas-y ! » Une courte rafale d'un canon antiaérien, un coup précis – la cible se trouvait à moins d'un kilomètre – et la bâtisse a été soufflée dans un puissant nuage de poussière. Les premiers à s'engouffrer dans la brèche étaient quatre brancardiers portant un blessé qui n'avait pas encore eu le temps d'être évacué. Tous les autres ont suivi, ceux qui assuraient la couverture fermant le peloton.

Les *doukhi* n'ont pas immédiatement compris ce qui s'était passé, mais lorsqu'ils ont vu que les Russes s'étaient échappés et avaient trouvé le temps de s'éloigner, ils se sont rués à leur poursuite, en faisant feu de toutes parts. Les mercenaires ont couru à perdre haleine, épuisant le peu de force qui leur restait. Le salut était proche, il leur suffisait d'atteindre les ruines, à une poignée de mètres, où les attendaient leurs camarades. Quand ils y parvenaient, ils se jetaient par-dessus le remblai, dans un ultime effort, et s'écroulaient par terre. Lancés dans la course-poursuite, les *doukhi* ont compris trop tard qu'ils n'étaient plus les chasseurs, mais les proies. Quand ils se sont élancés à découvert, le canon antiaérien qui couvrait la retraite de Hava et de son groupe les a littéralement balayés d'un torrent de tirs, ne leur laissant aucune chance de s'échapper... À peine avait-il repris son souffle que Hava s'est précipité pour vérifier que tous les gars étaient bien là. Oui, pas un ne manquait à l'appel ! Alors, seulement, il s'est effondré, épuisé, près de perdre connaissance.

Le lendemain, les mercenaires sont repartis à l'attaque, capturant les maisons, bloc après bloc, ligne après ligne, et bientôt, on n'a plus entendu de cris à la gloire d'Allah ou d'appels à la reddition. Ils ont marché sur Aqraba et l'ont prise. Mais, comme toujours, pas un mot ne sera dit sur leur rôle décisif dans cette défaite de l'EI. Pire encore, cette fois, toute une mise en scène a été montée, un véritable théâtre de l'absurde, pour donner de la vraisemblance aux rapports officiels. Les mercenaires, ayant reçu l'ordre de se retirer et se replier sur leurs positions d'origine, ont observé, hilares, les unités alliées prendre courageusement d'assaut une ville totalement vide, sous l'œil des caméras. Jamais ils n'avaient rien vu d'aussi ridicule dans cette guerre !

Après Aqraba, les mercenaires ont progressé vers Deir ez-Zor, dont la garnison était sous blocus depuis trois ans, encerclée par des unités de l'EI venues d'Irak. Parler de siège serait un peu exagéré : étant donné la manœuvrabilité et la mobilité des djihadistes, qui pouvaient facilement couper n'importe quelle route menant à la ville avec leurs camionnettes rapides, la caserne n'aurait jamais eu assez de munitions ou de carburant pour tenir si longtemps, aussi généreux qu'ait été le soutien aérien. Comportant de nombreuses brèches, le blocus était relatif.

Une fois n'est pas coutume, il faut saluer la résilience de cette petite garnison : dans cette guerre, de tels exemples de bravoure de la part des soldats syriens et de présence d'esprit chez leurs commandants étaient rares. Contrairement à ses nombreux homologues locaux, le général syrien comprenait à peu près ce qu'était la guerre et comment commander des troupes. Peut-être aussi y avait-il un accord entre l'EI et l'armée syrienne – nous connaissions beaucoup de précédents. Un peu trop souvent, par exemple, des cargaisons militaires livrées à l'armée et aux garnisons syriennes finissaient entre les mains des djihadistes...

Pour secourir la caserne assiégée, donc, les mercenaires ont marché le long de l'autoroute de Palmyre, remontant toute la masse de troupes qui avait Deir ez-Zor en ligne de mire. La route vers l'Euphrate était principalement plate, et les mercenaires, ayant arraché un bon nombre de camionnettes aux *doukhi*, étaient maintenant aussi agiles que l'ennemi. Mais les vieux chars T-62 poussifs restaient leur talon d'Achille. L'armée s'était bien gardée de leur fournir les T-72 plus récents.

Malgré leur mauvais équipement, les mercenaires avançaient, chassant littéralement devant eux les *doukhi*, surpris et désarmés devant leur vivacité. Dans l'équipe de Ratnik, Schetovod (le Comptable) manœuvrait maintenant sur un pick-up pris à l'ennemi. Ayant laissé sa jambe dans l'explosion d'une mine une année plus tôt, il ne s'était pas un instant imaginé vivant aux crochets des services sociaux. Ses bras forts, capables de tenir une arme, et la prothèse qui remplaçait sa jambe perdue le rendaient apte à la guerre ! Il en était si convaincu qu'il avait fini par en persuader Ratnik. Alors, les mains fermement agrippées aux poignets de son DShK, il ajustait la position de son corps avec sa jambe saine, appuyant sa prothèse contre le côté du pick-up, et tirait des rafales précises et courtes sur ceux qui l'avaient rendu à jamais invalide. Il n'avait rien perdu de ses capacités d'assaillant ! Parmi les sapeurs, il y avait aussi Rodya qui, après avoir soigné son épaule déchirée par un obus, avait repris le travail sans demander aucune faveur. Mirny, lui aussi, s'était habitué à sa prothèse et était reparti en mission. Tous ces types étaient des héros.

Après avoir dégagé la route vers la ville, les mercenaires se sont postés sur les rives de l'Euphrate, se préparant à fondre sur la rive opposée. Parfaitement conscients qu'il ne fallait pas compter sur l'armée syrienne pour ouvrir la voie, ils préparaient des bateaux pour la traversée du fleuve. Par une nuit de septembre, les premières troupes d'assaut ont débarqué sur la rive orientale de l'Euphrate et sont immédiatement passées à l'attaque. En plusieurs jours et nuits de combats constants, les mercenaires ont réussi à déplacer la ligne de contact assez loin de la rive, après quoi les Syriens ont considéré que la traversée était tout à fait sûre et ont commencé à construire un ponton.

Les combats étaient rudes, très difficiles pour les mercenaires, fatigués par les risques omniprésents, le manque de sommeil et la malnutrition. Les *doukhi* se battaient avec acharnement, envoyant sans cesse des kamikazes. Dans l'une des batailles, mon ami Sam, qui avait mon âge et avait servi avec moi dans les forces aéroportées, est mort, écrasé dans l'explosion d'un mur. Juste avant son départ pour la Syrie, à la fin d'une permission, Sam m'avait rendu visite, nous avions bu de la vodka et parlé de choses et d'autres. Il est rentré en Russie dans un cercueil de zinc.

Les corps de quatre autres mercenaires tombés au combat ce jour-là n'ont jamais pu être évacués : les *doukhi* se sont lancés dans une contre-attaque au bon moment, attendant que l'une des unités se trouve trop loin de la ligne principale. Les djihadistes ont utilisé toute leur puissance de feu pour couper le groupe qui avançait et empêcher les autres d'en faire autant : canons antiaériens sur les flancs et mitrailleuses sur le front. Les mercenaires ont réussi à faire reculer leurs hommes, mais il leur était impossible de récupérer les dépouilles. Les *doukhi* les avaient emportées. Ils ne connaissaient que trop bien le concept de « fraternité de guerre », qui ne permet pas aux mercenaires d'abandonner ne serait-ce que la dépouille de leur camarade à l'ennemi, et comptaient jouer dessus.

Le lendemain, alors que les mercenaires avançaient, en délogeant les combattants des positions qui n'avaient pas encore été prises la veille, Solntse (Soleil) a repéré un corps immobile et horriblement meurtri, dans un vêtement de couleur familière. Il s'est précipité vers lui, oubliant les précautions élémentaires. Le corps s'est avéré être un leurre, dissimulant une mine. Le corps de Solntse a été évacué avec ce qu'on a pu retrouver des restes de son camarade.

Avançant avec son détachement d'éclaireurs à l'est du passage à niveau, Ratnik a placé les chars et les VBTT devant, servant de bouclier à l'infanterie, et effectué une percée jusqu'aux abords de la ville. Les mercenaires ont atteint la première des habitations si rapidement que les *doukhi*, dans le tumulte et la poussière, ne se sont pas immédiatement rendu compte que les Russes étaient si près. Un détachement de djihadistes, se protégeant derrière un talus de chemin de fer, a foncé droit sur les positions des mercenaires. Mais ils ont été liquidés sans quartier. Les mercenaires n'ont épargné personne et éliminé plus d'une centaine de *doukhi* d'un coup.

Sur la rive est, les Syriens, tout en faisant des rapports sur leurs avancées quotidiennes, n'ont progressé que d'une centaine de mètres vers le sud, à partir des positions que Ratnik avaient prises pour eux. Au nord du point de passage, les alliés n'ont pas bougé d'un iota non plus, avant que les mercenaires ne parviennent au cœur des lignes de combat, pour avancer frontalement, renversant les combattants de l'EI, les prenant en tenaille avec les Kurdes qui poussaient depuis Raqqa.

Comme toujours, les alliés ont réussi à complètement embrouiller la situation, avec des conséquences tragiques. L'une des victimes de cette confusion a été Valery Asapov, le commandant russe de toute l'opération militaire à Deir ez-Zor, qui, avec ses officiers d'escorte, s'est retrouvé dans une zone non contrôlée par les troupes alliées et a péri sous le feu ennemi.

Les mercenaires ont aussi eu leur lot de soucis avec les *sadyk*. Leurs obusiers semblaient se trouver dans un endroit sûr, entourés par des unités syriennes fortifiées. Mais les *doukhi*, choisissant les heures les plus sombres, juste avant l'aube, ont réussi à s'infiltrer sans encombre devant les positions des Syriens et, envoyant des kamikazes, ont assailli les artilleurs. Les gardes de la batterie, rassurés par la proximité des alliés, n'avaient rien vu. Les kamikazes se sont jetés en hurlant vers les stocks de munitions et, dès que la puissante explosion a retenti, les djihadistes ont attaqué en force. L'assaut a tout de même été repoussé, mais le prix à payer pour avoir baissé la garde et fait excessivement confiance aux Syriens a été, comme toujours, très élevé, se comptant en dizaines de vies humaines.

L'incapacité des alliés à fournir des renseignements fiables en temps et en heure a conduit à une situation plus terrible encore : la capture de mercenaires vivants par les *doukhi*. Lorsque les combattants de l'EI sur leurs pick-up ont soudainement attaqué les gardes syriens d'un checkpoint et pris le contrôle de l'autoroute, arrêtant tout mouvement de troupes, les *sadyk* n'ont pas pris la peine d'en informer quiconque. Ne se méfiant de rien, les mercenaires se sont pointés à l'un des barrages routiers, pris par des djihadistes. Cinq d'entre eux ont ensuite été portés disparus, dont deux, faits prisonniers, seraient bientôt exhibés par les djihadistes devant le monde entier comme la preuve vivante de leur invincibilité. L'un des captifs, un adjudant barbu, a immédiatement commencé à négocier pour sauver sa peau, s'empressant de balancer tout ce qu'il savait. L'autre a gardé le silence, se préparant courageusement à la mort, honneur et gloire à lui.

Les *doukhi* cherchaient les points faibles dans les interactions des forces alliées. Au milieu des combats pour la ville, un pick-up japonais s'est présenté au poste de contrôle de l'aérodrome. Un des djihadistes à son bord ayant clairement prononcé une phrase en russe, que les gardes ont gobée, le véhicule a roulé sans encombre jusqu'au parking de l'aviation d'assaut. Ce qui a suivi est digne d'une scène de film d'action américain. Les passagers du pick-up se sont divisés en deux groupes – l'un a commencé à détruire les avions avec des grenades propulsées par fusée, tandis que l'autre a tiré sur les contrôleurs de vol. Prenant leur temps et n'ayant absolument pas l'intention d'en réchapper, les combattants se sont barricadés à l'intérieur de la tour de contrôle et, une fois à cours de munitions, se sont fait exploser. Après ce raid, les alliés se sont retrouvés sans soutien aérien : cinq avions de combat avaient brûlé sur le tarmac, le personnel de maintenance et les contrôleurs avaient été tués, et le matériel endommagé par les explosions.

À la mi-octobre, la phase principale de l'opération de nettoyage sur la rive orientale de l'Euphrate, avec accès à la ligne de contact par les formations kurdes, était terminée. Réalisant que leurs heures étaient comptées, les commandants de l'EI ont accéléré le transfert de leurs forces vers la rive opposée, où les Kurdes étaient déjà présents. Les Kurdes recevaient les *doukhi* et les emmenaient à l'arrière pour les interroger et éventuellement recruter les moins fanatisés. L'EI a fini par se concentrer sur l'île Sakr. Formée par les deux bras de la rivière, envahie par une végétation dense, riche en bâtiments et canaux, elle est devenue une citadelle imprenable lorsque les djihadistes ont renforcé l'infrastructure existante en creusant des tranchées. Éliminer le dernier bastion djihadiste de Deir ez-Zor a été confié une fois de plus aux combattants de la SMP. Équipés d'armes légères et de lance-grenades, les combattants ont résisté désespérément, mais les mercenaires ont systématiquement, de ligne en ligne, nettoyé les passages, les voies de communication et les abris, acculant les *doukhi* sur la rive est. Le nombre de prisonniers augmentait de jour en jour. Ayant compris la leçon, les mercenaires ne laissaient approcher aucun homme qui se rendait, sans s'être assurés auparavant qu'il n'avait pas d'explosifs sur le corps. Ceux qui se précipitaient vers eux étaient abattus sans sommation. Il y en a eu beaucoup, et presque tous, criblés de balles, explosaient avec la charge qu'ils portaient. En quelques jours, tout était fini.

Pendant les combats pour Deir ez-Zor, les mercenaires ont repris une raffinerie de pétrole dans la banlieue de Chola. Cette petite usine, lorsqu'elle était sous le contrôle de l'EI, servait à alimenter les frères Kataradzhi, des intimes de Bachar al-Assad ayant aussi des liens étroits avec les dirigeants de l'EI. Les hommes des Kataradzhi, qui avaient l'air d'avoir des engagements auprès des djihadistes, n'ont pas défendu la raffinerie. Mais cela ne les a pas empêchés, une fois la bataille terminée, de faire valoir leurs droits sur l'usine auprès des mercenaires, qui les ont envoyés balader.

Rancuniers, ceux-ci ont alors campé sur les collines voisines et ouvert le feu sur la raffinerie pendant la nuit, soi-disant par accident. Heureusement, il n'y a pas eu de conséquences. Le lendemain, à la tombée de la nuit, les mercenaires russes se sont approchés en silence du camp de ces faux alliés, ont désarmé les combattants endormis, qui n'avaient d'ailleurs pas posté de gardes, et leur ont administré une bonne petite leçon. Lorsque le commandant des « Kataradzhistes » et un petit groupe des gars les plus coriaces ont essayé de venir en aide à leurs compagnons d'armes, les Russes leur ont administré la même correction.

Les batailles pour Deir ez-Zor touchaient progressivement à leur fin. L'EI avait été vaincu et repoussé au-delà des champs pétrolifères. À ce moment-là, son espoir d'établir un califat mondial s'est définitivement effondré. Les djihadistes n'étaient plus en mesure de reconstruire leur force d'antan et, alors qu'ils avaient été unis dans un mouvement idéologique puissant, ils étaient maintenant fractionnés en petits groupes terroristes.

Dans toutes les grandes batailles contre l'EI, deux fois à Palmyre, à Aqraba et à Deir ez-Zor, les mercenaires russes ont été directement impliqués et ont presque toujours été la principale force d'attaque au sol. Mais les médias officiels l'ont passé sous silence. J'aimerais croire que le moment viendra où des pages dédiées aux combattants des SMP entreront dans l'histoire de la destruction de l'EI. Ils le méritent.

La légion avance, multipliant batailles, victoires et défaites. Cette nouvelle structure en Russie mettra encore beaucoup de temps à prouver qu'elle n'est pas un ramassis de marginaux et de lumpen, mais une organisation composée de vrais professionnels – les travailleurs de la guerre. Les mercenaires, ce sont de vrais soldats, qui ont choisi la voie des SMP plutôt que de se dorer la pilule dans les casernes de l'armée. La légion a encore beaucoup à faire pour obtenir le statut et l'autorité qu'elle mérite, aux yeux de la société et de l'État. Mais je suis sûr que ce jour viendra.

J'ai intégré la grande famille des mercenaires, bruyante et agitée, et c'est là que j'ai retrouvé ma dignité, que j'ai accompli un travail dangereux et nécessaire pour la patrie. Finalement, j'ai réussi à me baigner une deuxième fois dans le fleuve tumultueux de la vie de soldat dont j'avais tant rêvé à l'école militaire. Je serai toujours reconnaissant à la légion de m'avoir donné cette chance.

POSTFACE

Paris, avril 2022

Ce n'est que récemment, en 2021, que j'ai pleinement pris conscience des raisons pour lesquelles j'avais décidé d'écrire un livre sur les mercenaires russes. La première pulsion m'est venue quand j'ai recommencé à lire, après une longue période de stagnation intellectuelle. J'ai dévoré *Les Récits de Sébastopol* de Léon Tolstoï, et mes mains se sont tendues d'elles-mêmes vers le clavier. J'étais tourmenté par un besoin irrépressible de faire comprendre à mes compatriotes une idée très simple, mais que notre morale publique réprouve, voire juge sacrilège, car incompatible avec l'idée de développement historique particulière à la Russie : nous sommes comme tout le monde. Et notre soi-disant identité si singulière, spirituelle et romanesque, n'est qu'un mythe, propagé par ceux qui en tirent profit.

Ce livre est moins le récit des aventures guerrières d'un mercenaire et de ses compagnons qu'un éclairage sur la manière dont la Russie utilise le mercenariat. On nous assène que les soldats de fortune sont un phénomène propre à l'Occident, et que le mercenariat est engendré par l'hydre capitaliste, mais nous aussi, nous y avons recours pour promouvoir à l'extérieur les intérêts de notre pays. Nos hommes politiques gardent un silence pudique sur l'existence de sociétés militaires privées russes, rejetant en bloc toute allusion au recours à de telles formations non étatiques. De leur côté, les propagandistes endoctrinent intensivement les Russes en leur inculquant l'idée d'une politique étrangère propre à la Russie, et en éludant toute réponse directe aux questions qui se rapportent à l'usage de mercenaires.

À qui profite cet état de fait ? Avant tout, à ceux qui vivent aux dépens du peuple, en cherchant à convaincre ce même peuple de leur utilité. Les généraux russes en Syrie, par exemple, ont exploité avec succès un projet intitulé « Ils n'y sont pas », créant l'illusion de victoires peu coûteuses en vies dans les rangs de l'armée. Mais le chiffre réel de citoyens russes qui ont péri dans la guerre contre l'État islamique ne correspond pas aux données officielles. Le nombre de mercenaires russes morts en Syrie est supérieur, et de loin, à celui des soldats des forces armées qui y ont péri. Cependant, la participation même des SMP est dissimulée aux Russes, pour entretenir le mythe d'une guerre non sanglante. Les militaires russes de tous rangs présents en Syrie se chauffent aux feux de la gloire et se laissent aduler par le peuple ignorant qui a réellement risqué sa vie pour vaincre les djihadistes de l'EI.

Les dirigeants politiques, eux aussi, tirent des dividendes de ce qu'ils qualifient, haut et fort, de « phénomène incompatible avec nos valeurs hautement morales ». Le sauvetage du régime de Bachar al-Assad a permis à la Russie de se positionner solidement comme protecteur et sauveteur de toutes sortes de criminels à travers le monde. Le continent africain reste à défricher pour la diplomatie russe et les magouilleurs politiques. Le pouvoir y est entre les mains de dirigeants sans scrupules qui ont su apprécier l'aide fournie par Moscou à Damas, et se sont montrés prêts à laisser la Russie accéder aux richesses minérales de leurs régions riches en or, en diamants et pétrole.

Le recours aux mercenaires par la Russie est un fait avéré, irrécusable. Ce livre ne fait que retracer l'histoire de l'un d'eux, d'un homme qui a pris part aux événements en Syrie. J'ai ajouté un chapitre consacré à ma première mission à Louhansk à titre de comparaison, pour plus d'objectivité, et afin d'éviter l'écueil de la moindre héroïsation de l'image du mercenaire. Nous ne sommes pas des héros, nous faisons simplement notre travail, pour lequel nous sommes rémunérés. La mention de Louhansk permet de signifier que le mercenaire n'œuvre pas seulement au nom du progrès et de l'humanisme (combattre l'EI), mais aussi pour accomplir des tâches très triviales et tout à fait douteuses.

Chacun choisit son épée et son idée. Moi, j'ai décidé un jour que si je devais retourner au combat, ce serait uniquement pour tuer la guerre. Je ne suis pas seul à penser ainsi, mais nous sommes une minorité, les autres sont prêts à servir à la fois Dieu et le Veau d'or. Ce sont des mercenaires, après tout.

Le 24 février, le président de la Fédération de Russie a lancé une « opération spéciale » contre ce qu'il appelle « le régime nazi d'Ukraine ». Mais, en quelques jours, « l'opération spéciale » s'est avérée être une guerre à grande échelle : des villes sont détruites, des civils sont tués. Dans une guerre, les discussions sur l'implication de telle ou telle partie dans la mort de civils n'ont plus de sens. C'est toujours l'attaquant qui a tort. Celui qui a commencé la guerre est le seul à porter la responsabilité des ripostes. Un obus ou un missile qui tombe sur un immeuble d'habitation, quelle que soit son origine, a été tiré uniquement parce qu'une guerre est en cours.

À en juger par la quantité de ses armes de pointe et munitions de haute précision et de grande puissance, la Russie a commencé à se préparer à la guerre il y a très longtemps, engloutissant dans ce projet des milliards de dollars, alors que les personnes âgées doivent y vivre de retraites d'une modicité humiliante et que les soins médicaux pour les enfants sont financés par des téléthons !

Et l'armée ? Malgré sa domination totale de l'espace aérien et la supériorité de son armement moderne, elle subit des pertes énormes. Le ministère de la Défense ne ment pas quand il annonce le nombre de morts, simplement il ne dit pas tout. Un soldat dont le corps a été retrouvé et identifié est considéré comme mort. Les restes non identifiés ou abandonnés en territoire ennemi sont inscrits dans la case « sort inconnu ». La garde nationale Rosgvardia[1] ne fait pas partie de l'armée, et le ministère de la Défense n'est pas obligé de rendre compte des pertes dans ses rangs ; il en va de même pour les formations armées des républiques populaires de Donetsk et de Louhansk. Lorsqu'il avait fallu combattre en Syrie, l'armée envoyait les mercenaires faire son travail au sol. Aujourd'hui, elle récolte les fruits de cette victoire artificielle. Hier, l'armée russe luttait sans grande conviction contre l'État islamique, la peste idéologique du XXIe siècle. Désormais, elle sacrifie avec un zèle remarquable ses combattants dans une guerre contre un peuple frère.

Les mercenaires russes sont aussi inscrits dans une colonne séparée, classée secrète, sur la liste des pertes. Et ils sont très nombreux aujourd'hui en Ukraine, dans toutes les directions de la prétendue opération spéciale. Les formations des républiques du Donbass, reconnues par la seule Russie, et qui, pendant huit ans,

---

1. Force militaire interne du gouvernement russe, créée le 5 avril 2016. Elle a été confiée à l'ancien garde du corps personnel de Vladimir Poutine, Viktor Zolotov.

n'ont suivi qu'une stratégie de défense, seraient incapables de mener des opérations offensives sans le soutien d'une autre force, celle des mercenaires. Jusqu'à récemment, au moins deux détachements de mercenaires étaient présents autour de Kiev, affectés spécifiquement à cette opération. En outre, trois détachements de Wagner participent aux combats à Marioupol et Kharkiv. Les mercenaires sont payés en dollars. La nouvelle tendance, au sein des forces d'invasion, est de troquer le patriotisme contre des dollars. Il n'y a pas d'idéologie, seulement le désir de gagner de l'argent.

Et la Russie ? Comme d'habitude, elle approuve dans sa majorité la ligne de conduite du parti et du gouvernement. Les cerveaux de mes concitoyens, transformés en gelée par l'œuvre de propagande, acceptent sans broncher l'idée de « dénazification » et de « démilitarisation » de l'Ukraine. Grassement payés, soignés, vêtus de marques occidentales, les propriétaires de villas en Europe et aux États-Unis ont tellement salopé les esprits des Russes que ces derniers sont prêts à éprouver de la fierté pour la massue et le poignard, en oubliant leur misérable niveau de vie.

Tous les 9 mai, mes concitoyens brandissent des portraits de leurs proches tombés dans la Grande guerre patriotique[1], mais n'osent pas

---

1. C'est ainsi que l'on appelle en Russie la Seconde Guerre mondiale, dont la victoire est célébrée le 9 mai.

se confronter au « menaçant » Tchétchène[1]. L'appropriation de la victoire des ancêtres ne suffit plus à satisfaire leur esprit infirme ni à combler leur désir de grandeur. Le coupable de tous les maux, cette fois, est le régime « nazi » d'Ukraine et ses mécènes occidentaux et américains, qui nous ont toujours été hostiles. Le peuple russe triomphe et peint des lettres « Z » sur les murs et les voitures. Et la victoire dans cette guerre, dont on ne doit pas dire le nom, a déjà été assurée, de manière préventive, par la législation qui sanctionne toute forme de dissidence ou de narration alternative à la version officielle dans le champ de l'information, accessible à la majorité des Russes. La télévision, la radio et les journaux sont sous contrôle, et tout le monde ne sait pas contourner les blocages sur Internet, ni d'ailleurs n'en éprouve le besoin. Toutes les conditions sont donc réunies pour transformer n'importe quelle défaite en victoire.

Les difficultés économiques liées à l'isolement international n'effraient pas la majorité des Russes, qui n'ont jamais vécu dans l'abondance, ou n'ont pas eu le temps de s'y habituer. L'amitié avec les pays en développement, très couteuse pour notre budget, et la coopération sur un pied d'inégalité avec la Chine apparaissent comme des solutions acceptables pour résister au « diktat » de l'Occident. Par « diktat », il faut entendre

---

1. Ramzan Kadyrov, l'autoritaire président de la république de Tchétchénie, dans le Caucase du Nord russe

la capacité de négocier et de s'imposer à soi-même des normes élevées pour rester compétitif. Avec la Chine ou la RCA, c'est plus simple : dans le premier cas, on se couche, c'est Pékin qui dicte la loi. Dans le deuxième cas, c'est nous qui avons les cartes en main : les dirigeants dépendent entièrement des mercenaires.

Difficile de prévoir ce qu'il adviendra de mon pays, et de moi-même. Est-ce que je crains pour ma vie et ma liberté ? Je ne suis pas une figure aussi significative qu'Alexeï Navalny[1] ou que Boris Nemtsov[2], en son temps. Je n'appelle personne à monter sur les barricades et ne dirige aucun mouvement d'opposition. Je ne fais que m'exprimer ouvertement. En connaissance de cause. On m'accusera d'être un ennemi du peuple ? C'est le terme utilisé désormais pour désigner toute personne qui ose dire à voix haute ce que les uns préfèrent taire, et les autres ne veulent reconnaître. Eh bien je suis prêt à vivre avec ce stigmate, qui n'a de sens que pour ceux qui accrochent des étiquettes. Qui vivra verra.

Marat GABIDULLIN

---

1. Le principal opposant à Vladimir Poutine et pourfendeur infatigable de son régime, emprisonné depuis plus d'un an
2. Célèbre opposant assassiné en 2015 sous les murs du Kremlin

TABLE DES MATIÈRES

Avant-propos de l'éditeur	9
Préface	13
1 – En route pour la légion	39
2 – Mission à Louhansk	51
3 – Le transfert	63
4 – Préparation aux combats	69
5 – Salma	73
6 – Les maîtres de la vie	83
7 – Le fardeau du commandement	87
8 – Jour de relâche	95
9 – Les Faucons « sans peur »	103
10 – Pris entre deux feux	117
11 – La victoire manquée	127
12 – À l'arrière	133
13 – Un jour dans la banlieue de Kinsabba	143
14 – L'assaut qui n'a pas eu lieu	153
15 – La prise de Kinsabba	169
16 – Rencontre avec les islamistes	177
17 – Le kopeck	185
18 – Une bataille perdue	191
19 – Aux abords de Palmyre	199
20 – On l'a fait !	211

21 – La blessure	215
22 – Coma	221
23 – La médaille	229
24 – De retour	235
25 – La guerre tout confort	239
26 – Hayyan	243
27 – Le prix du succès	253
28 – Le médecin	259
29 – Le transfert	261
30 – De nouveau, Palmyre	269
31 – Et mes primes ?	287
32 – Dans le col	291
33 – Al-Chaer	301
34 – La base de Hmeimim	309
35 – La Syrie sans moi	319
Postface	337

13714

Composition
FACOMPO

*Achevé d'imprimer en Slovaquie
par NOVOPRINT SLK
le 15 janvier 2023*

Dépôt légal : février 2023
EAN 9782290382417
L21EPLN003404-549888

ÉDITIONS J'AI LU
82, rue Saint-Lazare, 75009 Paris

Diffusion France et étranger : Flammarion